Frank Lilie

Theologia Socratica

Frank Lilie

Theologia Socratica

Dialogische Spiele

Fromm Verlag

Impressum/Imprint (nur für Deutschland/ only for Germany)
Bibliografische Information der Deutschen Nationalbibliothek: Die Deutsche Nationalbibliothek verzeichnet diese Publikation in der Deutschen Nationalbibliografie; detaillierte bibliografische Daten sind im Internet über http://dnb.d-nb.de abrufbar.

Coverbild: www.ingimage.com

Contact:
International Book Market Service Ltd., 17 Rue Meldrum, Beau Bassin, 1713-01 Mauritius
Website: www.bookmarketservice.com
Email: info@bookmarketservice.com

Gedruckt in: USA, UK, Deutschland. Dieses Buch wurde nicht in Mauritius produziert.

Imprint (only for USA, GB)
Bibliographic information published by the Deutsche Nationalbibliothek: The Deutsche Nationalbibliothek lists this publication in the Deutsche Nationalbibliografie; detailed bibliographic data are available in the Internet at http://dnb.d-nb.de.

Cover image: www.ingimage.com

Contact:
International Book Market Service Ltd., 17 Rue Meldrum, Beau Bassin, 1713-01 Mauritius
Website: www.bookmarketservice.com
Email: info@bookmarketservice.com

Printed in: U.S.A., U.K., Germany. This book was not produced in Mauritius.

ISBN: 978-3-8416-0285-5

Frank Lilie

Theologia Socratica – Dialogische Spiele

für
Antonia,
Cornelius
und Karin

KATALOG

HINFÜHRUNG

Was ist's? Ein Mummenschanz? Oder 'ne Gaukelei? Ein Spiel, mehr nicht. Doch auch nicht weniger. Denn vielleicht öffnet uns das Spiel Türen, die dem Ernst verschlossen bleiben. Gestalten treten auf und treten wieder ab, ehrwürdige Namen der großen Überlieferungen. Manchmal stehen sie für sich selbst, manchmal für anderes. Wer mag das schon entscheiden? Anklänge, Andeutungen, Anspielungen reihen sich aneinander. Das laute Lesen erschließt vielleicht den Rhythmus der Sprache. Wer sich auf Spurensuche begeben möchte, darf dies gern tun, der Schlüssel mag dabei ein wenig helfen. Wem es zu verspielt ist, der darf das Büchlein gleich wieder zuschlagen. Und wer selbst gern spielt, darf sich anregen lassen. Ob es gelungen ist, die großen Fragen unseres Glaubens in solcher Form zu präsentieren? Wenn nicht, dann war es eben nur ein Spiel, mehr nicht.

Auch im aphoristischen Anhang finden sich Stücklein, die in ihrer Form eine Reverenz darstellen, Zugespitztes oder auch Belanglosigkeiten, die endlich einmal ausgesprochen werden mussten.

WYGENACHTEN

Bald ist es soweit und die Freunde treffen ein zum Heiligen Abend. Der Saal ist festlich aufgeschmückt, alle Fenster des Hauses haben ihre Blumen an ihn abgetreten. Damit der Schnee herein leuchten und an die Jahreszeit erinnern mag, sind die Vorhänge aber nicht heruntergelassen. Kupferstiche und Gemälde mit weihnachtlichen Motiven zieren die Wände; die zahlreichen Lampen verbreiten ein feierliches Licht, welches doch schalkhaft mit der Neugierde spielt. Denn was im Raum verändert und geschmackvoll angerichtet ist, zeigt sich nur bei genauer Betrachtung. Bunte kleine Gaben stehen auf den Vertikos und Tischchen verteilt, Naschereien, Spielwerk; es liegen Tannenzweiglein nur scheinbar wahllos verstreut. Ein heimliches Glänzen liegt über allem, was sich dem suchenden Auge darbietet. Alle, die den eng verbundenen Kreis bilden, haben es diesmal Paul übertragen, das, womit sie einander erfreuen wollen, einem Jeden zusammenzustellen. Nun blickt er zufrieden auf sein Werk. Da betritt Friedrich den Raum.

FRIEDRICH: Ist es nicht in jedem Jahr ein neues Wunder, lieber Paul, dass wir dies Fest begehen können? Herz und Gemüt werden gestärkt, eine rechte Feier für die Kinder.

PAUL: Nur für die Kinder? So sagt man wohl. Doch meinst Du doch nicht allein die Kleinen und sprichst vom Kinde auch in einem übertrag'nen Sinne?

FRIEDRICH: Ganz gewiss tue ich dies, o Paul, ist die Kindlichkeit doch nicht zuletzt das Zentrum unseres Glaubens.

PAUL: Die Kindlichkeit? Wie meinst Du dies?

FRIEDRICH: Wenn Christus spricht, die Kindlein sollten zu ihm kommen, so meint er nicht die Kleinen nur allein, sondern jeden, der sich klein weiß vor Gott.

PAUL: Ja, dies möchte ich auch selbst zum Fest der Christgeburt sagen: Christus ist mir geboren und er ist mir gestorben.

FRIEDRICH: Wie soll aber der Ferne von einst mein Christus werden können? Was ich in den Schriften lese, ist vor langer Zeit geschehen.

PAUL: Und doch heil'ge Gegenwart.

FRIEDRICH: Ja, eine Gegenwart, derer ich mir bewusst werden muss.

PAUL: Indem ich an Christus erinnere und denke, wird er der meine?

FRIEDRICH: Eben so. Und nur so, kann ich doch nicht den Glauben and'rer von einst wiederholen.

PAUL: Das gestehe ich zu. Glaube ist der meine – oder er ist nicht. Doch Denken und Bewusstsein können nicht an das rühren, was ich mit Glauben meine.

FRIEDRICH: Und das ist?

PAUL: Dass Christus einzieht in mein Leben.

FRIEDRICH: Doch Paul, wie soll denn dies geschehen ohne Erinnerung? Ist das schöne Bild vom Einzug nicht ein Ausdruck für das fromme Gedenken?

PAUL: Gedenken rettet nicht, Vergebung rettet.

FRIEDRICH: Und doch beharr' ich d'rauf: Ohne Gedenken kann Christus nicht zu mir kommen.

PAUL: Will ich dies bestreiten? Nein. Gewiss müssen wir seiner gedenken und ebenso gewiss müssen wir wissend viel in uns aufnehmen von der heil'gen Kunde. Doch erschöpfen kann sich unser Glaube darin nicht. Das Bewusstsein von der Erlösung ist nicht die Erlösung selbst.

FRIEDRICH: Freund Paul, ob Du mich recht verstanden hast? Wenn es um Wissen ganz allein ginge, dann hättest Du ja recht. Wie soll Wissen allein frei machen? Der Erlöser muss auf mich einwirken. Doch ich frage mich, wie dies geschehen kann: Wie kann mir über diesen Graben geholfen werden, der meine Zeit und Christi Zeit voneinander trennt?

PAUL: Indem ich sehe, dass es um mich geht, hier wie dort.

FRIEDRICH: Sag an, o Freund, wie meinst Du dies?

PAUL: Wir feiern Weihnacht?

FRIEDRICH: Ja. Warum?

PAUL: Ich bitte Dich, dass Du mir folgst: Wir feiern Weihnacht. Die Geburt des Christus.

FRIEDRICH: So sagen wir.

PAUL: Und Christus wurde einst im Heil'gen Land zu Bethlehem geboren, dies der wundersame Anlass.

FRIEDRICH: Du benennst es recht.

PAUL: Sind wichtig nun die Umstände seiner Geburt, die Zeit der römischen Fremdherrschaft, der Stall, die Hirten und die Tiere?

FRIEDRICH: Ja, wie soll ich sagen: Wichtig schon, doch …

PAUL: … nicht entscheidend für das Herz des zeitenwendenden Geschehens. Gott wurde Mensch, dies steht nun fest. Er wurde es an einem ganz bestimmten Ort, zu ganz bestimmter Zeit. Doch nicht die Zeit und nicht der Ort sind wichtig für mein Heil.

FRIEDRICH: Warum?

PAUL: Sie reichern das Unendliche mit Geschmack, mit Farben und mit Stoff der Phantasie an. Wie gut, wie wichtig und wie schön. Aber die Erlösung liegt nicht dort in der Ummantelung des Geschehens, sie liegt allein darin, dass Christus sich mir schenkt und ich mich ihm.

FRIEDRICH: Ist denn die Krippe, ist der Stall nur die Ummantelung?

PAUL: Sie sind gewiss der Ausweis dafür, dass Gott wirklich Mensch geworden, aber sind nicht das Geheimnis der Erlösung selbst.

FRIEDRICH: Christus, der Gegenwärtige, ich, der Gegenwärtige?

PAUL: Schöner könnt' ich kaum es sagen. Wenn ich das Fest betrachte, das wir nun begehen, ist es mir, als ob ich selber in den Stall würd' kommen, selber an der Krippe stünde, selber Christus sähe und ihm Weihrauch, Gold und Myrrhen brächte.

FRIEDRICH: Ein schöner Gedanke.

PAUL: Nein, eben nicht Gedanke, liebster Friedrich. Denn die Geschenke, die ich Christum bringe, sind mein Selbst, mein Herz, mein alles.

FRIEDRICH: Du gibst Dich ihm ganz hin?

PAUL: Ich geb' mich ihm ganz hin. Denn …

FRIEDRICH: … denn?

PAUL: Denn er gab sich mir ganz, wurde mir gebor'n.

FRIEDRICH: Wie innig und wie liebevoll.

PAUL: Er ist mein Freund, er ist mein Bruder.

FRIEDRICH: Das ist für Dich der Kern des Festes?

PAUL: Ja, o Friedrich.

FRIEDRICH: Jetzt verstehe ich es, was Du vorhin meintest, als von heil'ger Gegenwart Du sprachst. Christus und Du, Ihr seid ein Paar, ein Bund. Ja, er ist Dein Gesell' und Du der seine.

Hildegard betritt den Festsaal; sie trägt ein Paket, das sie vorsichtig, fast zärtlich auf einem der großen Tische ablegt.

PAUL: Hildegard, Freundin, wir haben Dich gar nicht kommen hören.

FRIEDRICH: Wie unhöflich von uns! Du musst ja meinen, dass wir Deiner nicht gewartet hätten.

PAUL: Und das, obgleich wir voller Freude sind, dass Du den Kreis der Gefährten heut' zum Feste runden hilfst.

HILDEGARD, *lachend*: Solch' ein schlechtes Gewissen? So lasst mich erst zu Atem und dann auch zu Worte kommen.

PAUL: Du hast recht! Möchtest Du Dich setzen?

HILDEGARD: Ja, das wäre gut.

Sie lässt sich auf einem Stuhl nieder, den ihr Friedrich herbeigeholt hat.

HILDEGARD: Und Ihr?

FRIEDRICH: Wir nehmen bei Dir Platz. Freunde, ich spüre es, das Fest, es naht. Die Runde wird mir immer mehr zur heiligen Familie.

HILDEGARD: Ein kühnes Wort!

PAUL: Kühn?

HILDEGARD: Ist doch Familie meist als Liebesbund, als Ehe, Kindschaft, Elternschaft gefasst.

FRIEDRICH: Aber sind wir, recht verstanden, nicht ein Bund, ein Liebesbündnis gar?

PAUL: Wenn wir es so betrachten: Ja. Familie Gottes –wir sind Seine Kinder und sammeln uns darum zum neuen Freundesbund, als Freunde Christi.

HILDEGARD: Doch sagt, wovon habt Ihr gesprochen?

PAUL: Wovon? Vom Weihnachtsfest, von Christus und von uns, von heiliger Gemeinschaft.

HILDEGARD: Von der heiligen Familie also?

FRIEDRICH: Wenn Du uns mit mir so benennen möchtest: Ja!

HILDEGARD: Als Braut und Bräutigam des Höchsten sind wir Glieder dieses Bundes.

FRIEDRICH, *lachend und zugleich nachdenklich*: Bilder über Bilder, mich schwindelt fast! Ich habe Glaube immer als vernünftig angeseh'n. Und nun dies!

PAUL: Unvernünftig?

HILDEGARD: Doch Friedrich, Freund, Gefährte, Mitglied der Familie, ist denn nicht alles ein Geschöpf?

FRIEDRICH: Wie soll ich dies verstehen?

HILDEGARD: Entschuldige bitte, Du hast recht, ich muss genauer fragen: Ist nicht auch Vernunft von Gott geschaffen?

FRIEDRICH: Aber ja, doch, anders habe ich sie nie gesehen. Und erfahren!

HILDEGARD: Und so darfst Du mit der gottgegeb'nen Gabe Welt und Mensch und Gott durchdringen. Wunder über Wunder tun sich auf!

PAUL: Und die Nüchternheit hat in der gleichen Weise Platz hier wie der Überschwang.

HILDEGARD: Sind in der Familie doch auch …

FRIEDRICH, *fällt ein*: … nicht alle gleich – wie recht Du hast, kluge Gefährtin. Doch sag!

HILDEGARD: Was möchtest Du wissen?

FRIEDRICH: Das Paket, das Du auf Händen trugst.

HILDEGARD: Ei, der Neugierde! Aber Du hast recht, dass Du danach fragst, lieber Freund. Eine rechte Kostbarkeit birgt es, die ich zeigen möchte und die, so hoff' ich, Anlass gibt zu mancherlei Betrachtung.

PAUL: Sag an, was ist's?

Hildegard erhebt sich, geht hinüber zum Tisch und nimmt das Paket mit beiden Händen hoch.

HILDEGARD, *mit Nachdruck*: Unsers Herzens Wonne!

PAUL: Was mag es sein?

FRIEDRICH: Du hast, Freundin, aus einem Lied zitiert!

HILDEGARD: Einem der zärtlichsten, zu dem unser Fest angeregt hat.

FRIEDRICH: Und gewiss hat es mit dem geheimnisvollen Inhalt Deines Paketes zu tun.

HILDEGARD: Wie anders. Du, weißt, o Friedrich, wie die Verse unseres Liedes weiter lauten?

FRIEDRICH: Wie sollt' ich nicht, prägt es sich doch tief ein schon in das kindliche Gemüt, wie alte deutsche und latein'sche Worte sich kunstvoll verschränken. „Unsers Herzens Wonne leit in praesepio und leuchtet als die Sonne matris in gremio"!

HILDEGARD: Verschränkt die Worte und die Verse wie das Menschliche im Göttlichen!

FRIEDRICH: Ja, es fügt sich zusammen und bleibt dennoch fern und spröde.

PAUL: Ein Wiegenlied zum höchsten Wiegenfeste. Die Weise kann es wunderbar uns zeigen. *Er summt die Melodie.*

FRIEDRICH: Und, so hört' ich einst, das Lied entstammt dem Brauch, dass ein gesungenes Gespräch man hat geführt: Ein Chor, der Diener am Altar und die Gemeinde singen sich das Mysterium der Heil'gen Nacht zu.

PAUL: Doch, Freundin, jetzt nicht mehr lang gesäumt, die Neugierde will gestillt werden. Was birgt das Paket?

FRIEDRICH: Halt, lieber Paul! *Wendet sich Hildegard zu:* Darf ich es raten? Zum Weihnachtsfest gehören festlich verhüllte Präsente. Und bevor die Verpackung entfernt wird, ist das Raten ein fröhlicher Brauch. Hast Du, o Hildegard, mit Deinem Lied auf des Paketes Inhalt angespielt?

HILDEGARD: Freilich habe ich dies! Die Verhüllung eines jeden Weihnachtspäckchens ist Anspielung auf die Verhüllung in der der Herr zu uns gekommen.

FRIEDRICH: Mir ahnt es! praesepium?

PAUL: Nun verstehe auch ich: Eine Krippe!

HILDEGARD: Ihr sagt es, Brüder, Freunde.

Sie beginnt mit vorsichtigen Handbewegungen, das Papier abzuwickeln. Ein Kasten kommt zum Vorschein, dessen Deckel sie abhebt. In seidene Papiere eingeschlagene Figuren liegen nebeneinander. Einzeln nimmt Hildegard sie heraus, legt sie frei und baut die Figuren auf der Tischplatte auf.

FRIEDRICH, *als er das hölzerne Christuskind sieht*: „O Jesu parvule, nach Dir ist mir so weh."

Sie stehen und betrachten andächtig das Schnitzwerk.

PAUL: Fein künstlich ist es ausgeführt!

HILDEGARD: Hat doch die Liebe immer schon in großer Sorgfalt ihrer Andacht Bilder geschaffen.

FRIEDRICH: Die Liebe ihrer Andacht? Oder die Andacht selbst?

HILDEGARD: Willst Du dies unterscheiden, was zuerst gewesen ist? Doch kommt, o Freunde, lasst uns einen würdigen Platz suchen für das Kripplein.

Sie gehen suchend durch den Saal und entscheiden dann, die Krippe auf einem Tischlein nahe einem der Fenster aufzubauen. Einige Tannenreiser bilden den Boden und den Rahmen, in den dann die Familie des Herrn eingefügt wird. Die Tiere, die Hirten und die Engel finden den ihnen gebührenden Platz. Alle stehen andächtig davor und betrachten das kleine Werk.

FRIEDRICH: „Ubi sunt gaudia? Nirgend mehr denn da, da die Engel singen nova cantica." Ist Euch auch schon aufgefallen, Freunde, dass keines der großen Feste uns'res Glaubens so erfüllt ist von Musik wie dieses? Da mögen die Gottesgelehrten noch so sehr darauf verweisen, wie Ostern sei das Fest der Erlösung, das allen Jubel verdiene – es ist die Christgeburt, die uns zum Singen bringt.

HILDEGARD: Die Engel machen es vor – Du hast es selbst im Vers benannt, lieber Friedrich.

FRIEDRICH: Der stete Kampf zwischen Gemüt und dogmatischer Auslegung.

HILDEGARD: Doch sagt, wo bleibt der vierte Freund, wann kommt Johannes? Wollte er nicht gemeinsam mit mir eintreffen?

PAUL: Ja, in der Tat, das wollte er. *Er geht zu einem der Straße zugewandten Fenster. Lächelnd wendet er sich zu der Gesellschaft*: In der Familie spürt eins das andere!

Friedrich eilt hinaus und kommt nach einer kurzen Weile mit Johannes herein. Die Freunde begrüßen einander.

HILDEGARD: Du kommst zur rechten Zeit.

PAUL: Du bist immer willkommen!

HILDEGARD: Was das Gleiche ist. Johannes, schau!

Sie führt ihn zum Tischlein mit der Krippe. Er betrachtet das Werk.

JOHANNES: Ein Licht würde den Aufbau nicht nur schmücken, sondern wäre auch ein Sinnnbild!

Er blickt sich suchend um, sein Blick fällt auf eine kleine Kerze in einem silbernen Ständer. Rasch entzündet er die Kerze mit bereitliegenden Streichhölzern und setzt das Lichtlein so hinter die Krippenszene, das diese, in Halbdunkel getaucht, so eben noch erkennbar ist.

HILDEGARD: Man muss schon genau hinsehen, um das heilige Geschehen zu erkennen.

JOHANNES: Wie auch anders? *Dann, zu allen:* Ich freue mich, Euch zu sehen. Das Fest führt uns wieder zusammen.

PAUL: Woher kommst Du?

JOHANNES: Weihnachtliche Besorgungen, Christtagsfreuden, dies und das!

Er holt drei kleine Päckchen aus der Tasche und legt sie vor die Krippe auf das Tischlein.

HILDEGARD: Geschenke für das Kind?

JOHANNES: Sozusagen. Für die Kinder, in deren Herz das Kind Einzug gehalten. Für Euch!

FRIEDRICH: Wir danken Dir, Johannes! Ein Abend der Überraschungen!

HILDEGARD: Sollten wir die Heilige Nacht anders benennen können?

PAUL, *betont*: Liebe Freunde! Mit dieser Heiligen Nacht feiern wir den Anbruch des Weihnachtsfestes. Gott schenkt sich uns. Und wir geben schenkend weiter, was uns die Liebe gibt. Darum habe ich uns allen Gaben hergerichtet, die Ihr hier und da im Raum entdecken könnt. Doch bevor wir uns diesen widmen, lasst uns zusammensitzen und des Geschehens gedenken, das uns zusammenführt.

Er geht zu einem niedrigen runden Tisch in einer der beiden der Fensterfront abgewandten Ecken. Um diesen stehen, einladend, niedrige Sessel mit farbigen Überwürfen, die in ihren Motiven auf das Fest hinweisen. Die Decke, die über den Tisch gebreitet liegt, ist darauf abgestimmt.

PAUL, *mit einer freundlichen Handbewegung*: Kommt, Freunde, hier lässt es sich gut sitzen.

Alle lassen sich nieder, Paul holt mit einem Fidibus Licht von der an der Krippe brennenden Kerze und entzündet damit drei schlanke Kerzen, die in einem Leuchter auf dem runden Tisch bereitstehen.

HILDEGARD: Auch hier das grüne Reis.

PAUL: Du meinst …?

HILDEGARD, *zeigt auf die spielerisch über den Tisch verteilten Tannenzweige*: Hier, diese kleinen Boten!

FRIEDRICH: Wie dies? In der Nacht der Geheimnisse und Anspielungen wundert mich nichts mehr.

HILDEGARD: Das grünend Reis, das aufsprosst, so wie aus der Nacht bricht das Morgenrot.

JOHANNES: Das Grün der Nadelbäume in der kalten Jahreszeit wird uns zum Sinnbild des neu geschenkten Lebens, das wir hier feiern?

HILDEGARD: Jedes Grünen, jedes Keimen. Doch, ja, die Tannen, Fichten, Kiefern helfen uns in diesen Tagen ganz besonders.

JOHANNES: Aber im Grünen siehst Du, o wissende Freundin, die Gotteskraft beständig am Werke?

HILDEGARD: Ins Sein gesetzt ist alles, was da ist, durch das Wort des, der in seinem Herzen das All geordnet hat.

FRIEDRICH: Das All ist eine Herzensangelegenheit Gottes?

PAUL: Diese Sprache ist mir fremd.

FRIEDRICH: Und doch, Freund Paul, ist sie ein Bild nicht anders auch, als Du es gern gebrauchst, um das Mysterium der Christgeburt zu besingen.

PAUL, *sinnend*: Vielleicht.

JOHANNES: Allein im Gleichnis ahnen wir den Christus.

HILDEGARD: O Johannes, Du sprichst so, wie wir Dich kennen!

JOHANNES: Freunde, Ihr wisst, dass mir das Christusgeschehen das höchste ist.

FRIEDRICH: Und so auch uns.

JOHANNES: Freilich, ja. *Sich besinnend*: Und wenn ich vom höchsten Geschehen spreche, meine ich, dass es mit nichts vergleichbar ist, als mit sich selbst.

PAUL: Birgt diese Rede aber die Gefahr, verehrter Johannes, dass dennoch verglichen wird.

HILDEGARD: Und müssen wir ja auch vergleichen, wüssten wir sonst nicht, dass dies tatsächlich auch das Höchste ist!

JOHANNES: Nicht ganz, liebe Freundin, nicht ganz. Das Höchste fordert auf, nach Niedrigem zu suchen, Paul hat recht! Doch gerade weil der Höchste Christus für mich ist und ich, vergleichend, sehen konnte, wie nichts und niemand ihm vergleichbar ist, sprech' gleichnishaft ich nun, um der Gefahr zu wehren, dass Christus einer ist von vielen.

PAUL: Der er nicht ist.

JOHANNES: Der er nicht ist, wie recht Du hast!

FRIEDRICH: Willst Du erzählen?

PAUL: Ja, wir bitten Dich darum!

JOHANNES: Stellt Euch, Ihr Freunde, eine Grotte vor.

HILDEGARD: Eine Grotte? Warum dies?

FRIEDRICH: Sprechen von Grotten nicht die Landeskundler Palästinas, um das Gebiet der Hirtenfelder zu beschreiben?

PAUL: So lasst dem Freunde doch das Wort.

JOHANNES: Es ist schon recht, lieber Paul, die Freunde möchten wissen, worauf hinaus ich will.

PAUL: Und ich ja auch!

HILDEGARD: Also eine Grotte, eine Felsenhöhle.

JOHANNES: Ja, gewiss, eine solche eben. Und tief führt sie hinunter in den Fels.

FRIEDRICH: Ist davon die Rede in der heiligen Überlieferung?

JOHANNES: In dieser nicht. Aber im Gleichnis schon.

FRIEDRICH: Ich schweige und höre.

JOHANNES: Stellt Euch Menschen in einer unterirdischen, grottenartigen Wohnung vor, die einen gegen das

Licht geöffneten Zugang längs der ganzen Grotte hat. Von Kindheit an sind sie dort daheim, gefesselt an Hals und Schultern, so dass sie auf demselben Fleck bleiben und auch nur nach vorne hin sehen. Den Kopf können sie der Fessel wegen nicht herumdrehen. Die Grotte ist dunkel, doch diese Menschen haben Licht von einem Feuer, das von oben und von ferne her hinter ihnen brennt. Zwischen dem Feuer und den Gefangenen geht obenher ein Weg, dem sich eine Mauer entlang zieht. Längs dieser Mauer tragen Menschen allerlei Geräte, die darüber aufragen. Einige der Träger reden, andere wiederum schweigen.

HILDEGARD: Was für eine merkwürdige Anordnung und was für eine merkwürdige Geschichte. Gefangene in einer Grotte?

FRIEDRICH: Still! Wir haben es versprochen.

JOHANNES, *zu Hildegard gewandt*: Ja, Gefangene, uns sehr ähnlich! Denn haben diese Menschen je etwas anderes gesehen als die Schatten, die das Feuer auf die ihnen gegenüberliegende Wand der Grotte wirft?

HILDEGARD: Wie sollten sie, wenn sie gezwungen sind, zeitlebens den Kopf unbeweglich zu halten.

FRIEDRICH: Dann möchte ich auch etwas sagen dürfen! Auch vom Vorübergetragenen wissen sie ja nichts!

JOHANNES: Richtig gesprochen, Freunde! Und wenn sie miteinander reden könnten, würden sie benennen, was sie als Schattenbilder sehen?

PAUL: Notwendig.

JOHANNES: Und wenn sie das Reden der Träger hinter der Mauer hörten – müssten sie dann nicht denken, die Schatten selbst wären dies?

PAUL: Gewiss, ja.

JOHANNES: Die Menschen in der Grotte müssen also die Schattenbilder für das Wahre halten.

HILDEGARD: Wie anders!

JOHANNES: Wenn einer aber nun entfesselt würde und gezwungen, sich zu erheben, den Kopf herumzudrehen, zu gehen und gegen das Licht zu sehen, und, indem er das täte, immer Schmerzen hätte und wegen des flimmernden Glanzes nicht recht vermöchte, jene Dinge zu sehen, wovon er die Schatten sah – was würde er, o Freunde, wohl sagen, wenn ihm einer versicherte, zuvor habe er nur Schatten gesehen, Nichtiges, jetzt aber sähe er richtiger? Und wenn ihm die Gegenstände über der Mauer gezeigt würden und man ihn fragte, was das sei, meint Ihr nicht, unser Befreiter wäre ganz verwirrt und müsste glauben, was er vormals und ein ganzes Leben lang gesehen habe, sei doch wirklicher als was ihm jetzt gezeigt werde?

PAUL: Bei weitem.

JOHANNES: Aber wenn man ihn nun gar in das Licht selbst schauen ließe? Würden ihm da nicht die Augen schmerzen, würde er nicht fliehen und zu dem alten Zustande zurückkehren wollen, erklärend, dies sei deutlicher als das zuletzt Gezeigte?

FRIEDRICH: Allerdings.

JOHANNES: Und wenn ihn nun einer von dort durch den unwegsamen und steilen Aufgang schleppte bis dorthin, wo er das Licht der Sonne selbst außerhalb der Grotte sehen könnte, müsste er da nicht viel Schmerzen haben? Und, die Augen voll Strahlen, könnte er nicht das

Geringste sehen von dem, was ihm nun für das Wahre gezeigt wird.

HILDEGARD: Freilich nicht, wenigstens nicht sogleich.

JOHANNES: Gewöhnung also muss er haben, um das Obere zu sehen. Zuerst die Dinge selbst, die Menschen auch, den nächtlichen Himmel dann, die Sterne, vielleicht gespiegelt erst im Wasser, um seine schwachen Augen noch zu schonen, doch dann zunehmend mutiger. Und zuletzt, o Gefährten …

PAUL: … die Sonne selbst.

JOHANNES: Du triffst es. Ja, die Sonne selbst. Nicht ihren Abglanz und nicht ihre Bilder, sondern sie als sie selbst. Und er würde staunend sehen, dass es sie gewesen, die alle Zeiten und Jahre schafft und alles ordnet, die sichtbare und die bislang unsichtbare Welt. Und er würde merken, dass sie auch die Ursache dessen ist, was er bislang gesehen und für die Wahrheit gehalten hat. Müsste er sich nicht, seiner vormaligen Gefangenschaft gedenkend, froh und dankbar sein, dass er dem Gefängnis entronnen ist? Wollte er zu den alten Vorstellungen zurückkehren?

PAUL: Gewiss nicht, sieht er sie doch nun als irrige an.

FRIEDRICH: Als irrige? Nein, eher doch als falsch verstandene! Sie waren ja da, die Abschattungen, nur hatte unser Aufsteigender nicht recht gedeutet!

JOHANNES: So, ja! Was, meint Ihr, wäre nun der innige Wunsch unseres Befreiten?

PAUL: Sag‘ Du es uns!

JOHANNES: Hinabzugehen wieder und den vormaligen Gefährten in der Finsternis der Grotte zu berichten, was er erlebt und auch gesehen, vom Licht, dem strahlenden der Sonne. Zunächst würden die Augen ihm freilich ganz voll Dunkelheit sein, da er so plötzlich von der Sonne herkommt. Und wenn er nun die alten Schatten wieder sähe gemeinsam mit denen, die zurückgeblieben und immer dort gefangen gewesen und sich seine Augen an die alte Finsternis gewöhnt hätten, würde er dann nicht ausgelacht, erzählte er ihnen vom Feuer und dann gar von der Sonne? Würden sie nicht zu ihm sagen, er sei mit verdorbenen Augen von oben zurückgekehrt und es lohne nicht, den Aufstieg zu versuchen? Ja, würden manche nicht sogar sagen, es gäbe dieses Oben und das wahre Licht gar nicht? Trugbildern, Wünschen sei er aufgesessen und er solle ganz zurückkehren in ihre Gemeinschaft?

FRIEDRICH: So sprächen sie ganz gewiss.

HILDEGARD, *nach einer Weile des Schweigens*: Lieber Freund Johannes, liebe Gefährten, Ihr seht mich ergriffen. Denn tief hat mich berührt, was ich gehört.

PAUL: Wir danken Dir für dieses Gleichnis!

JOHANNES: Doch lasst uns nun zur Krippe gehen, die Ihr so liebevoll dort drüben aufgebaut! Hildegard, Paul, Friedrich, kommt. Und lasst uns die Geschenke suchen, die Freund Paul im Saal für uns verteilt.

PAUL: Und auch die, die Du, o Johannes, mitgebracht hast! Lasst uns die Herrlichkeiten sehen und lasst uns heiter sein und etwas Frommes und Fröhliches singen.

Sie erheben sich, um zur Krippe zu gehen.

ARTOKLASIA

Eine liebliche Gegend vor der Stadt. Eine alte Platane steht unfern der Mauern, ein heilig-schattiger Ort. Ganz klar fällt der Bach zu Füßen des breitgeästeten Baumes über glatte Kiesel; die Grillen geigen. Auf dem sanft abfallenden Rasen lagern, den Kopf hochgestützt, Peter und Leo, der wärmenden Frühlingssonne genießend. Eben erst sind sie sich begegnet und haben sich hier niedergelassen, einem Vorschlag Leos folgend. Schon längere Zeit war verstrichen, seit sie sich zuletzt gesehen hatten, die beiden Männer ganz unterschiedlicher Art und unterschiedlicher geistiger Provenienz. Und so war es für beide eine Freude, einander zu treffen und miteinander ein Gespräch zu führen.

PETER: Lieber Leo, woher denn und wohin?

LEO: Ich gehe lustwandeln vor die Stadt, o Peter, denn ich komme von einem Freunde und habe dort lange Zeit sitzend zugebracht von früh an.
Anregend war es, dies kann ich Dir sagen, und wir vergaßen die fortschreitenden Stunden. Und nun habe ich meinen Korb genommen und bin mit meinen Einkäufen vom Markt auf dem Heimweg.

PETER: Ein gutes Zeichen, dass Ihr der Zeit vergaßt, sind Gespräche doch selten geworden unter uns.
Meist gibt ein Wort zwar das andere und fliegt manch‘ Scherzwort, geistreich oder auch weniger, hin und her. Doch an echten Gesprächen mangelt es. Und dabei hungert der Denkende nach ihnen wie kaum nach etwas anderem.

LEO: Gewiss hast Du recht, Peter, doch sage mir, wie Du dies meinst.

PETER: Nun, Geist sehnt sich nach Geist, doch oft sind Gastereien nur noch Aufforderungen zum Plänkeln.

LEO: So war es aber nicht bei meinem Freunde. Er ist ein Zuhörer, eine seltene Gabe, eine seltene Kunst. Die eig'nen Erfahrungen und Gedanken vermag er zurückzuhalten, denen seines Gegenübers begegnet er mit Achtung und mit wacher Neugierde, als ob ihn selbst bereichern könnt', wie andere sich die Welt erklären.

PETER: Und darauf dann?

LEO: Dann kam ich hier an diesen erfreulichen Ort; nach dem Abschied bin ich auf den Straßen umhergegangen, weil dies weniger ermüdend ist als ein Spaziergang.

PETER: Da magst Du recht haben. Und jetzt willst Du gewiss bald in Dein Haus gehen und Dich nach der langen Nacht ausruhen. Denn immerhin naht das Osterfest mit seiner Reihe der Feiertage. Und wenn wir sie recht begehen möchten, brauchen wir Kraft und Zeit für sie.

LEO: Ostern? Nun, auch dieses Thema streiften wir. Meinem Freunde ist es ein hoher Festtag, den er in der Kirche seiner Religion begeht. Ich selbst bin eher doch ein Zweifelnder, dem sich der überlieferte Glaube sperrig in den Weg legt.

PETER: Für einen Zweifler hast Du dies sehr freundlich ausgedrückt.

LEO: Nicht gar freundschaftlich? Denn also fühle ich mich gegenüber denen, die Golgatha und leeres Grab verehren, freundschaftlich. Nicht alles, was dem Freunde wichtig, muss ich aber teilen.

PETER: Gewiss, Freund Leo. Doch sprich, wie würdest Du selbst Deinen Glauben beschreiben?

LEO: Glauben? Ob ich es so nennen dürfte, was ich denke, was ich fühle? Aber warum nicht. Doch sage zunächst, Peter, ist dies nicht ein wunderbarer Frühlingstag? Hier vor den Toren der Stadt gewiss, aber auch in ihren Mauern. Endlich wärmt die Sonne, das Gras lebt neu auf, sogar zwischen den Steinplatten. Die Bäume entfalten ihre Blätter, die Vögel bereiten ihre Nester, die Bienen und Fliegen summen, von der Sonne erwärmt. Eine Fröhlichkeit liegt über allem, eine wahre Heiterkeit. *Hält inne*: Kann es das geben, dass eine Landschaft heiter ist? Oder sind nur wir Menschen zur Heiterkeit fähig, zur *hilaritas*, wie die Alten sagten?

PETER: Das hieße doch, der Landschaft eignes Leben zugestehen?

LEO: Ja, gewiss. Was meinst nun Du?

PETER: Wäre die Landschaft von sich aus heiter oder lieblich, fürchterlich oder kahl, dann müsste eine große Zahl von Menschen vom nämlichen Gefühl ergriffen werden. Dass dem nicht unbedingt so ist, das lehrt uns die Erfahrung.

LEO: Sagt das etwas über die Menschen oder über die Frage nach dem landschaftlichen Eigenleben?

PETER: Ist die Welt ein Kosmos, wohlgeordnet, mit eignen Qualitäten, dem wir uns anbequemen müssen, oder ist die Welt ein sinnlos kaltes Sammelsurium von Dingen – dies ist doch die letzte Frage, die wir hinter unseren Gedanken erkennen können.

LEO: Recht muss ich Dir geben, Peter. Ist die *hilaritas*, die Heiterkeit, nur etwas, was wir in uns spüren und der wir in der Landschaft Formen zuordnen nach unserem Gutdünken? Oder aber kann eine Landschaft heiter sein, weil sie heiter ersonnen wurde? Weil ein guter Geist sie will?

PETER: Das Denken Vieler heute mag den Geist nicht sehen, den Du den guten nennst. Doch meine ich es so: Wir sind es, die die Landschaft heiter nennen, wir sind es, die den Sinn erfragen und den Formen Namen geben, mit deren Hilfe wir die Welt erfahren. Doch wären wir dann Einsiedler, Eremiten uns'rer Wahrnehmung, ohne einen Weg zum Austausch, zur Gemeinschaft, wenn es also wäre. Unser Geist ist es, der das Gebild' erschafft, der den Gedanken denkt – und so bei einem jeden anderen auch! Wir sehen, hören riechen zwar für uns, die Sinnlichkeit ist Sache jedes einzelnen. Doch ist das Leben mehr als nur das Sinnliche, der Geist sucht wiederum nach Geist, der Austausch kann beginnen.

LEO: Und die *hilaritas* der Frühlingslandschaft?

PETER: Ein Bild ist sie, das der Verständigung dient. Du schenkst mir Anteil an den frühlingshaften Empfindungen, die Dir Herz und Gemüt durchziehen.

LEO: Wie schön Du dies gesagt hast, Peter, trifft es doch genau meine österlichen Gefühlen.

PETER: Doch ist dies Ostern nicht.

LEO: Wie?

PETER: Ein Irrtum ist's zu meinen, wir könnten Ostern aus der jungen Jahreszeit erklären.

LEO: Und doch ersteht die Natur wieder auf.

PETER: Sie hat nur geschlafen, war nicht tot. Dies ist das eine. Und das andere: Die Kirche, umspannt sie nicht die ganze Welt?

LEO: Worauf zielt Dein Fragen? Du kennst mein Verhältnis zur Kirche, weswegen ich mich schwer tue mit der Antwort.

PETER: Bitte sieh' einmal davon ab: Das Christentum umspannt die Welt?

LEO: Gut, ja, so ist es.

PETER: Die Welt mit unterschiedlichen Jahreszeiten?

LEO: Jetzt weiß ich, worauf Du hinaus möchtest: Das Osterfest fällt nicht überall in den Frühling. Recht muss ich Dir geben.

PETER: So können wir die Auferstehung nicht überall aus dem Keimen der Natur bebildern.

LEO: Dies eine gestehe ich zu: Ostern und Frühling fallen nicht überall zusammen. Doch was hindert uns, die Auferstehung und das Neuwerden der Natur zusammenzuspannen? So sagtest Du ja eben. Ist denn das neue Leben keine Auferstehung, kein Neuwerden, kein zauberhafter Anfang nach der winterlichen Ruhe?

PETER: Wäre es nur dies, o Leo, dann bräuchte es das Fest nicht. Es reichte eine Frühlingsfeier hier bei uns und ein Erinnerungsfest an die keimende Kraft des Lebens bei all' denen, die in einer anderen Klimazone leben. Nein, Auferstehung muss mehr sein, sonst wäre sie nicht überliefert, wäre sie nicht höchst lebendig in den gottesdienstlichen Feiern.

LEO: Und gerade dies kann ich nicht teilen. Du weißt dies von mir. Die Dogmen unserer Kirchen, sie verstellen den Blick auf die menschliche Kraft der Rede von der Auferstehung.

PETER: Wie meinst Du nun dies: Menschliche Kraft der Rede über die Auferstehung? Wäre sie menschlich, so behaupte ich, so wäre sie nicht mehr.

LEO: Doch, Peter, doch, sie wäre. Und sie ist! Sie ist, wo sich ein Mensch dem Menschen zuwendet.

PETER: Ein Bild von poetischer Kraft, nicht aber von theologischer.

LEO: Gewiss, ja, will ich doch auch nicht mehr. Wo einer sich der lähmenden Gewöhnung entrafft, der Schuld, der Niedrigkeit, der Banalität, und neu den Menschenbruder, neu die Menschenschwester sucht und sich als Mensch erweist, da ist Auferstehung!

PETER: Gut wäre es, es wäre so, wie Du es sagst. Die Liebe zum Nächsten zu gewinnen - es wäre schon so viel! Doch sage ich's noch einmal: Auferstehung ist dies nicht!

LEO: Wer darf es sagen, wie wir Auferstehung verstehen sollen? Bist Du doch nicht das Lehramt, dem ich überdies nicht folgen würde.

PETER: Was Du auch gar nicht musst. Wenn Auferstehung, Ostern also, auch mit anderen Worten ausgedrückt könnt' werden, dann bräuchten wir die Rede davon nicht. Es muss ein anderes dahinterstehen, sonst würde dieser Ruf nicht über diese lange Zeit von Jerusalem bis her zu uns ertönen!

LEO: Und ich kann Dir nur sagen, dass es Jerusalem nicht braucht, um den sittlichen Gehalt des Glaubens an die Auferstehung zu verstehen und zu leben. Lebt denn nicht ein jeder nur für sich, für seine Lust? Und haben sich nicht alle Worte von Gott als Betrug erwiesen? Die Kirchen, haben sie nicht versagt? Die ihnen anvertraute Botschaft haben sie veruntreut und zum Gespött gemacht. Jetzt schlägt die Stunde derer, die hinter allen Dogmen die große, die sittliche Kraft der Zuwendung zum Nächsten sehen können.

PETER: Doch siehe, da kommen zwei gegangen. Kenne ich den einen nicht?

LEO: Wo siehst Du sie?

PETER: Dort, hinter der Biegung des Weges sind sie gerade von einem Gebüsch verborgen. Aber ich meine, ich hätte einen der beiden Wanderer erkannt.

LEO: Lass‘ uns ihrer warten und dann sehen, ob Du recht hast.

Auf dem Weg kommen zwei Männer, miteinander redend, und so vertieft, dass sie Peter und Leo erst nicht bemerken.

PETER: Ist dies nicht Karl? *Er ruft ihm zu*: Freund! Karl!

Die beiden schauen überrascht auf. Peter springt auf.

KARL: Peter, wie schön ist es, Dich hier zu sehen!

PETER: Es ist auch mir eine Freude, sind wir doch einander schon lange nicht mehr begegnet!

KARL: So ist es leider. Und dabei sind wir Menschenkinder und nicht Berg und Tal.

PETER: Wie meinst Du dies? Es klingt verrätselt.

ANSELM: Und ist doch nur ein verkapptes Zitat unseres Freundes der Bücher, Kurzformeln und Sentenzen.

PETER, *zu Karl gewandt*: Willst Du uns Deinen Gefährten vorstellen?

KARL: Gewiss doch. Anselm ist sein Name. Er stammt eigentlich aus Italien, hat aber eine lange Zeit lehrend, forschend und leitend in Britannien verbracht.

PETER: Sei uns willkommen, Anselm. Und auch Du, alter Freund Karl, den Dein Begleiter trefflich zu kennzeichnen wusste.

ANSELM: Danke für den Gruß, o Peter. So heißest Du doch? Ich habe es gehört, wie Karl Dich benannte.

PETER: Gewiss, ja. Und dies ist Leo, ein enger Vertrauter. *Leo ist aufgestanden und tritt zur Gruppe hinzu.* Doch wie meintest Du eben über Karls Ausspruch? Wie lautete er?

ANSELM: Er führte den Beginn eines Märchens an: Berg und Tal begegnen sich nicht, wohl aber die Menschenkinder.

LEO: Dies erkenne ich jetzt. Von zwei Wanderern redet es. Wie passend.

PETER: Ich weiß wohl, wie Karl, der Fuchs, Wort und Leben zusammen zu bringen vermag.

KARL: Du schmeichelst – und doch stimme ich Dir zu, war dies ja von jeher mein Begehren. Ob es gelingen mag, dies ist auf andren Blättern aufgezeichnet.

PETER: Und es gelingt Dir auch, Trefflicher, verblüffst Du doch durch Deinen Witz und Deine Findigkeit. Aber wovon spracht Ihr gerade, als Ihr, unser nicht und nicht der Gegend achtend, an uns vorüberschreiten wolltet? Ihr schienet eifrig mit Worten und mit Gesten.

ANSELM: Eifrig, ja, gewiss. Und doch auch wieder nicht.

PETER: Wie dies?

KARL: Wir redeten miteinander von allerlei Geschichten, die sich um das Fest ranken, das die Christenheit als höchstes feiert und bedenkt.

LEO: So auch wir, o Wanderer, so auch wir! Und was waren es für Reden, die Ihr zwischen Euch führtet unterwegs?

ANSELM: Nun, von ihm, dem Propheten, dem Jesus aus Nazareth, den die Alten als mächtig von Taten und Worten vor Gott und allem Volk bekannten. Und ich bekannte meine Traurigkeit darüber, dass diese Zuversicht im Schwinden begriffen sei. Ostern ist ein Frühlingsfest geworden, aber nicht die Feier der Auferstehung.

LEO: O Anselm, der Frühling ist wunderbar!

ANSELM: Gewiss, wollt' einer dieses leugnen? Aber nicht vom Frühling rede ich, sondern von der Auferstehung! Und es stimmt mich traurig, dass die Natur gefeiert wird, doch nicht ihre Überwindung.

LEO: Wie dieses?

ANSELM: Nun, lockt uns doch der Apostel auf eine falsche Fährte, wenn er von dem Mysterium der Auferstehung in Bildern der Natur, der keimenden Saat spricht, ist doch Auferstehung gerade die Verwandlung der Natur, nicht ihre Fortsetzung – und sei sie noch so schön.

LEO: Es deucht mich fast, Du habest uns belauscht, Freund Peter und mich, denn über eben dieses besprachen wir uns auch, bevor Ihr zu uns stießet. Und ich musste Peter gestehen, dass mir die Osterzeit nur durch die keimende Natur verständlich wird.

ANSELM, *heftig*: Und gerade dies ist Christi Geist zuwider.

PETER: Christi Geist?

ANSELM: Dem Sinn der Auferstehung, des Christusereignisses, auf dem die Kirche fußt, die Christenheit, der Glaube.

PETER: Und dieses siehst Du schwinden?

ANSELM, *eifernd*: Den Glauben, ja.

PETER: Es stimmt Dich traurig?

ANSELM: Ja.

LEO: Aber warum? Doch nur, weil Du dem Lehrsatz mehr vertraust als dem Leben, dem drängenden, schwellenden, sich verströmenden, sich verschenkenden, weil Du die Klügelei weit höher schätzest als die Wahrheit der Natur!

ANSELM: Wie kann Natur denn wahr sein? Sie zieht uns nieder, hält uns fest mit Banden der Begierde und bringt uns ab vom Heil! Wahr ist allein Gott selbst, den wir erkennen können und erkennen sollen, denn ganz und gar ist unser Streben auf ihn hin ausgerichtet, ihn, der größer ist als alles, was gedacht werden kann.

LEO, *aufgebracht*: Da hört den Richtigkeitendrechsler, den Dogmenfex. Halt' ich mich lieber doch am Leben fest, das höher ist als die Vernunft. Denn wo sie herrscht, wird das Lebend'ge unmöglich.

ANSELM: Unchristlich sind Deine Sätze, gefährlich gar! Und unwahr.

LEO: Wenn die Vertreter Deiner Lehre Christen sind, dann bin ich kein Christ! Und unwahr? Nun, je mehr Verfolgung, desto offensichtlicher die Wahrheit!

PETER: Freunde, Brüder, ich bitte Euch! Nur wen'ge Augenblicke kennt Ihr Euch und schon herrscht Streit. *Er wendet sich an Leo:* Soll so Dein Credo zur umfassenden Liebe, zu Hingabe und zur Freude aussehen? Wenn wir uns ereifern, machen wir uns unglaubwürdig, uns und unser Denken! *Zu Anselm:* Dies gilt für jeden von uns. Mit einem liebenden Gott haben wir es zu tun, der uns die Gnade schenkt. Nicht müssen wir sie erobern, nicht erdenken, nein, die Güte kommt zu uns!

LEO: Wie dies?

ANSELM: In Christus, meinst Du dies, o Peter?

PETER: Ja, gewiss, in Christus. Und in denen, die ihm folgen.

ANSELM: Und folgen will ich ihm!

LEO: War auch mir der Nazarener jeher schon der Stern am Nachthimmel, dessen einfache klare Lehre wir befolgen können.

ANSELM: Aber dogmatisch richtig ist …

PETER, u*nterbricht ihn:* Brüder, Freunde, bitte! *Wendet sich nun Karl zu:* Und Du, alter Gefährte? Hast gar nichts hierzu Du zu sagen? Geschwiegen hast Du nur.

KARL: Aber doch gehört, gedacht und mitgelitten.

LEO: Was sagst nun Du zu Ostern und zur Auferstehung? Sind sie Natur, sind sie Geist?

ANSELM: Von Geist sprach ich nicht, o Leo, vom Denken vielmehr! Geist ist ein missverständliches Wort.

KARL: Aber die Frage, Freund Anselm, können wir doch so verstehen: Ist das, was Ostern einst geschah, aus der Natur herzuleiten oder aus einem alles umfassenden und durchdringenden Geist, dem sich auch unser Denken verdankt?

ANSELM: Aus dem so verstand'nen Geist, ja!

KARL: Der Nazarener ist Dir wichtig, Leo?

LEO: Gewiss! Der Bergprediger, der einst sittlich klare, verständliche und gerade zum Herzen redende Regeln aufgestellt hat, mit denen er die einfachen Menschen erreichen konnte.

KARL: Also nicht der Christus, den Du wohl als kirchliches Gespinst verurteilst.

LEO: Ja.

KARL: Aber warum sprichst Du von Regeln? Regel, Dogma – bist Du selbst nicht auch auf dem beargwöhnten Weg?

LEO: Möchtest Du mich in meinen eig'nen Worten fangen?

KARL: Ich möchte, dass wir einer Wahrheit folgen, die uns vereint und nicht uns trennt. - Anselm?

ANSELM: Ja, Karl?

KARL: Der Nazarener ist Dein Herr?

ANSELM: Wie sonst und wer sonst?

KARL: Und als der Nazarener hat er doch gelebt, er hat gelitten und er starb am Kreuz?

ANSELM: Gewiss, ja. Zur Sühne für das Recht des Höchsten.

KARL: Das sei dahingestellt. Aber ist er auch Dein Herr als eben jener, dessen Geschichte in der Heil'gen Schrift erzählt wird?

ANSELM: Eben jener, der von der Krippe an den Galgen ging.

LEO: Dogmatiker schon damals, die ihm den Tod verschafften!

PETER: Wollen wir uns nicht hier niederlassen? Ein Gespräch im Sitzen oder auch im Gehen ist besser als im Stehen. Dies wussten schon die Alten.

LEO: Ein schöner Vorschlag. Die alte Platane lädt uns ein.

Sie lassen sich nieder.

KARL: Und die Jünger, Freund Leo? Haben sie nicht von dem Christus gesprochen, den sie gesehen, den sie erlebt hatten?

LEO: Gewiss doch, die Frauen, Petrus, die Apostel, dann auch Thomas, sie sprachen von der Begegnung mit dem Auferstandenen. Doch habe ich mich immer geweigert, das zu glauben.

KARL: Ich frage nicht zunächst nach unserem eig'nen Glauben, sondern nach dem, was fraglos für die erste Schar gewesen ist. Und das war …

LEO: … Glaube an den Auferstandenen. Verzeih', o Karl, dass ich in's Wort Dir falle!

KARL: Glaube an die Überwindung todesschwarzer Macht. Sie wollten es nicht glauben, sondern es kam über sie.

PETER: Sie wollten nicht? Wie dies?

KARL: Aus Willen bloß allein lässt sich das Gebild' der Kirche, das auf der Auferstehungsbotschaft fußt, nicht deuten. Zu vielgestaltig waren die Erwartungen, zu stimmenreich der Chor der Menschen, die einst dem Nazarener sind gefolgt. Doch weiter. Es war eine Erfahrung, die die Zweiflerschar wieder vereinte, nämlich dass der Weg des Nazareners nicht ein Fehler war, ein fataler Irrtum, eine Strafe oder auch ein Scheitern, sondern dass Gott selbst ihn annahm, ihn als den Nazarener, seinen Anspruch, seinen Weg.

LEO: Doch Karl?

KARL: Freund Leo?

LEO: Mag es so gewesen sein. Aber wie kommt die Geschichte in die Gegenwart, wie die Auferstehung zu uns? Wenn von Natur ich rede, schwärmerisch, ich will's gestehen, dann meine ich sie hier, mich, Dich, uns alle, sprühend-blühend Leben. Wie kann ich glauben, was einst and'ren widerfuhr?

KARL: Gut fragst Du, o Leo. Und in der Tat, wär' Christus tausendmal gestorben und dann erstanden und nicht für uns, er wäre fern, es wär' uns all dies fremd, wir wären nicht gemeint. Kannst Du das auch so sehen?

LEO: Eben dies macht mir Beschwer.

KARL: Hoffst Du?

LEO: Worauf?

KARL: Auf Auferstehung?

LEO: Wie dies?

KARL: Nicht mit dem österlichen Wort, aber doch als Erfahrung.

LEO: Welcher?

KARL: Der von Liebe, Treue und Verantwortung?

LEO: Ja, darauf hoffe ich, darauf verlass' ich mich.

KARL: Und wenn Du liebst, wenn Du Verantwortung zeigst, dann glaubst Du auch, dass gut dies sei, sinnvoll und in sich gerecht?

LEO: Wie anders?

KARL: Du willst nicht wissen, was Dein Lohn sei, wenn Du liebst.

LEO: Wäre dies doch sonst nicht wahres Lieben.

KARL: Wie recht Du hast. Wenn ich nun liebe, wenn ich tätig bin und mich dem and'ren widme, dann verlasse ich mich darauf, dass es ist, wie's ist: gut, sinnvoll und gerecht?

LEO: Eben so.

KARL: Und dieses Sich-Verlassen-können nenn' ich Gott. Jenen Gott, den ich erfahre.

ANSELM: Und die Auferstehung?

KARL: Sagt nur dies: Dass ich dies Hoffen kenne, lässt mich dem Nazarener näher treten. Wir leben doch in einer Überzeugung, wenn wir liebend handeln, zu der wir keinen Beifall brauchen.
Selbstlose, bedingungslose Liebe schaut nicht auf Belohnung. Endgültig ist sie. – Stimmst Du mir zu?

ANSELM: Wie sollt' ich nicht!

KARL: Wir werden einer Bestätigung im Leben gewiss, die wir nicht selbst gemacht. Sie trägt uns, macht es möglich, dass überhaupt wir die Liebe üben. Wenn ich nun von Jesu Auferstehung höre aus der Überlieferung der Jünger und der Kirche, dann merke ich, dass dies genau nicht nur mein eig'nes Sehnen trifft, sondern auch das, was ich im Lieben, im Vertrauen erfahre. Die Hoffnung, die auf nichts allein als auf das Tun gestützt ist, sie erkenne ich im Glauben an den Auferstand'nen wieder. Ich sehe, was die ersten Zeugen einst gesehen, doch nun mit meinen Augen: Jesus lebt. Nur wer selbst hofft kann erkennen, dass die Hoffnung ist erfüllt.

PETER: Karl? Ist dieses nun Dein Lehren?

LEO: Wenn ich antworten darf: Eher ein Fragen nach der Erfahrung, nach uns.

KARL: So möchte ich es verstanden wissen. Und da ein Fragen dieses ist und bleibt, kann allenfalls von Wegen ich hier sprechen, von Gängen über das Feld des christlichen Glaubens. Im Fragen sehe ich nämlich das Leben.

LEO, *wiederholt*: Im Fragen nämlich sehe ich das Leben.

PETER, *richtet sich auf*: Hört Ihr dies? Waren nicht Stimmen, war nicht Musik zu hören?

ANSELM, *lachend*: Ja, das würde jetzt passen: „Sie feiern die Auferstehung des Herrn, denn sie sind selber auferstanden… " – doch nein, Freund Peter, getäuscht musst Du Dich haben. Zumal auf's Fest noch zu wir gehen.

PETER: Sei's drum.

LEO: Brüder, Freunde, was ich in meinem Korb vom Markte bei mir trage, das möchte ich jetzt mit Euch teilen. Ich lade Euch ein. Denn mein Herz brennt in mir nach unseren Gesprächen.

Er nimmt ein Tuch vom Korb, legt es auf das Gras und holt ein Brot heraus und eine Flasche Wein.

Wenn ich zu scharf gewesen bin in meinen Worten, o Anselm, dann bitte ich um Nachsicht. Der Eifer war es, der mich fortriss.

Er zerteilt das Brot und öffnet die Flasche mit seinem Taschenmesser.

ANSELM: Dem Eifer um die Wahrheit seh‘ ich vieles nach und bitte Dich dies ebenso!

PETER: Wir danken Dir, Freund Leo, für diese erfrischenden Gaben.

Leo reicht das Brot herum.

LEO: Ich hoffe, es stört Euch nicht, dass wir aus einer Flasche trinken müssen. Denn mit Gästen rechnete ich nicht, als ich aufbrach.

KARL: „So ist der Mensch; wenn da ist das Gut, und es sorget mit Gaben
Selber ein Gott für ihn, kennt und sieht er es nicht.“

PETER: Ist das nicht …?

KARL: … vom griechischsten aller deutschen Dichter: „Brot ist der Erde Frucht, doch ist's vom Lichte gesegnet, und vom donnernden Gott
kommet die Freude des Weins.“

Sie essen und trinken.

PENTEKOSTE

Basilius und Hrabanus auf dem Weg zu einem Gartenfest

BASILIUS: Sind wir nicht schon verspätet? Zum Fest, so heißt es, soll man zur rechten Zeit kommen.

HRABANUS: Gegolten hat dies, o Basilius, für unsere Vorfahren, unsere Eltern und deren Eltern etwa. Doch heute ist dies anders geworden.

BASILIUS: Und wenn es so wäre! Gilt es nicht mehr als höflich, gemeinsam mit den anderen Gästen einzutreffen?

HRABANUS: Darüber denken viele nicht mehr nach. Auch müssen wir uns fragen, Basilius, von welcher Art Fest wir sprechen. Denn Fest ist nicht gleich Fest.

BASILIUS: Gewiss hast Du recht. Eines ist die Feier eines Geburtstages oder eines anderen Jahrestages im Lebenslauf, ein anderes das Fest eines Staates, ein drittes ein kirchliches Fest.

HRABANUS: So wie das liebliche Fest, das sich jetzt wieder naht.

BASILIUS: Ja, wenn festlich heiter der Himmel glänzt und farbig die Erde.

HRABANUS: Und die neuermunterten Vögel ein fröhliches Lied üben. Wir kennen ihn noch, unseren Reineke Fuchs.

BASILIUS: Habe ich doch von jeher die alten Worte geliebt.

HRABANUS: Doch liebst Du auch das Fest, dem des Epos' Beginn gewidmet ist?

BASILIUS: Pfingsten, so meinst Du? Je nun, ein schwieriger Anlass, was lässt sich dazu sagen?

HRABANUS: Sagen gewiss viel, doch was bedeutet es uns? Die Frage sei gestattet, weist doch der Kalender immer noch zwei Feiertage auf. Doch sprich: Was hast Du gelernt über das Pfingstfest?

BASILIUS: Was soll dies sein, o Hrabanus, eine Befragung, ein theologisches Examen gar?

HRABANUS: So freilich darfst Du mich nicht verstehen, Freund, bin doch nicht ich der Meister und Du der Schüler. Die Frage gilt in gleicher Weise mir, der ich zwar dies und das gelernt, nicht anders als Du auch, doch nicht genau wüsste zu sagen, was der Ursprung und der Sinn des Festes sei, des lieblich genannten.

BASILIUS: Geburtstag der Kirche, dies fällt mir jetzt ein. So haben wir es einst gehört im Religionsunterricht der Schule und auch im Kindergottesdienst.

HRABANUS: Gewiss, ja, jetzt weiß auch ich es wieder. Und eine wundersame Geschichte erzählte man uns dazu, von einer Predigt, die jeder verstand, ganz gleich, aus welchem Land er kam.

BASILIUS: Und von einer Trunkenheit, die keine war.

HRABANUS: Begeisterung, das war es, was sie erfüllte, die Hörer damals, nichts als Begeisterung.

BASILIUS: So wäre Pfingsten ein Fest der Begeisterung? Begeistert ist doch auch der Fußballfreund, der in der Nordkurve steht mit Gleichgesinnten und seinen Verein auf dem Rasen anfeuert?

HRABANUS: Begeisterung hat mit Geist zu tun. Ein großes Wort mit vielen Facetten. Von Mannschaftsgeist

	können wir sprechen im Sport, vom Geist der Zeit, vom Geist, den jemand besitzt.
BASILIUS:	Oder auch nicht, o Hrabanus, oder auch nicht.
HRABANUS:	Doch da kommt einer, der gewiss zu sagen weiß, was Geist ist und was nicht.
BASILIUS:	Wer ist dieser?
HRABANUS:	August ist es, ein in vielen Künsten bewanderter Mann.

August kommt zu den beiden hinzu.

HRABANUS:	Sei gegrüßt, o August.
AUGUST:	Sei gegrüßt, Hrabanus. Wohin unterwegs mit Deinem Gefährten?
HRABANUS:	Hinaus vor die Stadt in einen Garten, einer Einladung folgend. Doch fürchten wir, Basilius und ich, wir sind schon etwas spät. Und außerdem sind wir in ein Gespräch vertieft, das uns fast wichtiger erscheint als die zu erwartende Lustbarkeit.
AUGUST:	Nun, es gebietet die Höflichkeit, der Zusage auch pünktlich zu folgen. - Basilius bist Du?
BASILIUS:	Ja, so ist es. Und Du bist August, wie Hrabanus mir sagte. Er rühmte Dich als einen, der in vielen Künsten beheimatet ist.
AUGUST?	So, tat er das? Schon immer wusste er zu schmeicheln. Worüber habt Ihr denn gesprochen?
BASILIUS:	Über den Geist.
HRABANUS:	Über die Begeisterung, genauer. Denn wissen wollten wir, was Geist und Pfingsten miteinander zu tun haben.

BASILIUS: Die alten Geschichten kennen wir, die Predigt des großen Mannes.

AUGUST: Von Petrus sprichst Du, ja, von seiner Predigt vor der Menschenmenge im festlichen Jerusalem. So überliefert es uns die Heilige Schrift, das Neue Testament.

HRABANUS: Doch dies zu wissen, August, ist vielleicht ein Ausweis der Bildung. Aber als mehr kann ich es nicht bezeichnen. Kenntnisse sind gut, sie nützen hier und dort. Doch sagen sie mir nichts darüber, wie dieses Fest in seinem Grunde zu verstehen ist.

AUGUST: Recht hast Du gesprochen, o Hrabanus. So kenne ich Dich, als einen, der den Dingen auf den Grund gehen möchte.

HRABANUS: Nun sprich denn, August, was hat das Pfingstfest mit Geist zu tun?

BASILIUS: Mit dem Heiligen Geist gar.

AUGUST: Ja, so nennt ihn die Christenheit im dritten Artikel ihrer Glaubensbekenntnisse: Wir glauben an den Heiligen Geist. Was denkt Ihr Euch, wenn Ihr dies hört?

HRABANUS: Von Begeisterung sprachen wir soeben. Doch fügten wir auch gleich hinzu, dass Geist ein Wort ist, das sich an manchen Orten findet. Auch der Sportfreund ist begeistert.

BASILIUS: Ist er vielleicht erfüllt? Meint dies das Wort? Was uns erfüllt und gleicherweise mit anderen verbindet, o August?

AUGUST: Kein schlechter Vorstoß, Basilius. Der Geist schafft Einheit, des Verstehens seiner selbst und des Verständnisses für andere. Und auch der Sportfreund weiß, dass ihm diese Einheit zufällt.

HRABANUS: Wie dies, August? Dein Beispiel lässt mich fragen, ob Du die Einheit der Fans eines Vereins tatsächlich gleichsetzen möchtest mit der Einheit, von der die Kirche in hohen Worten zu sprechen weiß?

AUGUST: Der Geist, von dem die Heilige Schrift spricht, weht, wo er will. Warum nicht auch an gänzlich unkirchlichem Ort? Doch hast Du recht, das Pfingstfest ist so nicht erklärt. Zu fragen wäre nun, von welchem Geist wir reden. Denn Geist ist nicht gleich Geist.

BASILIUS: So klingt es einleuchtend. Aber was willst Du damit sagen?

AUGUST: Nun, Geist ist nichts an sich. Erkennen können wir ihn allein da, wo er sich äußert, wo er ein Gebilde schafft.

HRABANUS: Dürfen wir davon sprechen, dass Geist nur sichtbar wird, wo etwas als geistreich sichtbar wird?

AUGUST: Trefflich hast Du gesprochen, o Hrabanus. Am Gebilde, am Werk, am Menschen können wir sehen, ob ein Geist da ist. Und wenn wir es sehen, dann ...

HRABANUS: ... dann, August, o lasse mich den Satz weiterführen, dann sind wir eines Geistes!

AUGUST: Gut sagst Du dies! Womit wir wieder bei der Einheit sind, die der Geist stiftet.

BASILIUS: Dürfen wir so sagen, dass überall, wo Einheit herrscht, auch Geist zu finden ist?

AUGUST: Nun, was meinst Du, Hrabanus?

HRABANUS: Ja, so deucht es mich. Einheit ist geistgestiftet oder sie ist nicht! So nennen wir denn Geist ein Band, das zwischen Menschen nicht nur eine Brücke schafft, sondern auch eine Harmonie.

BASILIUS: Was mehr ist als bloß eine Brücke. Die Brücke nämlich muss ja auch betreten werden, sie braucht zwei Brückenköpfe.

HRABANUS: Und sie braucht Bauherren, Arbeiter, Ingenieure.

AUGUST: Können wir also sagen, dass der einigende Geist zwar nur erkennbar wird am Gebilde, hier der Brücke, aber doch stets mehr ist als bloß diese? Dass er vor dem Entschluss zum Bau sein muss und auch vor denen, die sich dazu entschließen?

HRABANUS: So muss es sein. Doch nun zurück zu Pfingsten?

AUGUST: Warum zurück? Wir haben das Gespräch über das Fest nie verlassen. Wenn Geist die Einheit ist und stiftet, indem er Menschen zueinander führt und schon in diesem Führen eins sein lässt, so hilft dies sehr dabei, den Sinn von Pfingsten zu erkennen.

BASILIUS: Wie dies?

AUGUST: Wir wüssten nichts voneinander und dieser Welt und erst recht nicht von Gott, wenn es nicht den Geist gäbe, der uns Teilhabe schenkt an diesem und an jenem. Die großen Gottesdenker wussten schon, warum sie also sprachen, der Geist sei die Beziehung selbst, das Innewerden unserer Bindungen, die uns überhaupt erst werden lassen, was wir sind.

HRABANUS: Werden, was wir sind? Schön klingt dies, o August.

AUGUST: Und schön ist das, was damit gemeint. Denn Geist, in dieser Weise aufgefasst …

BASILIUS: … ist Leben, meinst Du dies?

AUGUST: Nein, wäre dann doch alles Geist, was uns die Lebensforscher zeigen. Und unser Wort, wir bräuchten es nicht.

BASILIUS: Verzeih' die Unterbrechung. Was ist's dann? Ist es das Selbstbewusstsein?

HRABANUS: Aber Basilius! Dann wäre jeder Schlaf ein geistlos' Zustand. Und jeder, der geistesschwach genannt wird, hätt' keinen Anteil mehr an dem, was Einheit, Einigkeit wir genannt.

AUGUST: Recht hast Du dies gesagt, o Hrabanus. Ich will es noch einmal beginnen: Geist, in dieser Weise aufgefasst, ist die Beziehung, die wir untereinander und auch mit uns selbst haben.

BASILIUS: So wäre also Geist das Gespräch, das wir führen, innerlich und äußerlich?

AUGUST: Man könnte es so nennen, wenn wir d'rauf achten, dass es nicht allein um Worte geht.

BASILIUS: Um Selbst-Beziehung eher dann?

AUGUST: Ja, denn diese hat ein jeder, gleich, welcher Intellekt ihn treibt. Wenn wir ein Du verspüren, als innere und äußere Partnerschaft, dann ist dies Geist – der Geist, der antreibt, fragt, antwortet, Unruhe stiftet, Ruhe schafft.

HRABANUS: Und Gott?

AUGUST: Gott ist in alledem. Und er ist alles dies. Er spricht in uns, er zeigt uns, dass wir sind und lässt uns dessen inne werden. Er ist uns Gegenüber im inneren Dialog des Daseins. Pfingsten, das Fest des Geistes, feiert also das Bei-uns-Sein Gottes und seine Werbung um uns.

BASILIUS: Die Worte, sie sind immer größer geworden.

AUGUST: Groß ist auch die Sache, die wir hier verhandeln.

HRABANUS: Und dabei wollten wir nur den Grund des Festes erklären! Aber wie tröstlich ist es, davon jetzt zu wissen, dass Gottes Geist sich stets uns naht, erklärend, öffnend, leitend in der geistlichen Erkenntnis.

AUGUST: Und weißt Du dieses nicht nur jetzt, sondern Du hast es immer schon gewusst!

BASILIUS: Doch wir sind angekommen.

AUGUST: So will ich Euch hier verlassen.

Er schickt sich an, sich von den beiden zu verabschieden.

BASILIUS: Möchtest Du nicht mit hereinkommen? Der Gastgeber führt ein offenes Haus. Sein Keller ist wohlbestückt.

AUGUST: Wer könnte da widerstehen.

Sie betreten das Gartengrundstück.

DAS TANZSPIEL

Eine felsige Landschaft erstreckt sich vor den Augen. Blendend weiße, doch auch ockergelbe und graue Nadeln aus bröckelndem Gestein weisen in den Himmel, Kaminen ähnlich, auf denen Kappen zu sitzen scheinen, phallische Formen, Kirchtürme einer fremden Konfession. Der Stein wirkt mitunter wie Schwamm, er ist löchrig, voller Schrunden. Schaut man von Anhöhen aus auf diese Felsenfelder, so kann man kaum ihr Ende sehen. Kleine ausgetretene Wege schlängeln sich zwischen den Steinen hindurch, nicht bequem zu gehen. Der Wanderer möchte schauen. Doch die, die hier entlang ziehen, sind meist keine Wanderer, sondern Landwirte. Oder eilige Reisende, die rasche Eindrücke sammeln wollen. Aber die beiden Freunde, die auf dem Weg näher kommen und eben um einen baufälligen Ziegenstall herumgehen müssen, gehören keiner dieser Gruppen zu.

THOMAS: Wie hast Du den Sonntag verbracht, o Gregor?

GREGOR: Gestern, lieber Freund Thomas, ging ich in eine unserer alten Kirchen, um teilzuhaben am Gottesdienst.

THOMAS: Ist dies doch die beste Weise, den Sonntag zu feiern. Der Tag, die ganze Woche öffnen sich vor uns, festlich und erwartungsvoll gestimmt schauen wir dem Kommenden entgegen.

GREGOR: So ist es. Von dieser Stunde geht ein Glänzen aus, das sich über unser Tun legen möchte.

THOMAS: Doch gestern war der Sonntag ein besonderer.

GREGOR: Ja, das Fest der Heiligen Dreieinigkeit.

THOMAS: Dreieinigkeit? Dreifaltigkeit, so deucht es mich doch besser.

GREGOR: Wie dieses? Entfaltung und Einigkeit, gehören sie nicht zusammen?

THOMAS: Wie sollte es anders sein? Ich kann ja nur entfalten, was vorher eingefaltet, also eines war.

GREGOR: Und was dann entfaltet ist, erinnert stets an die ursprüngliche Einheit.

THOMAS: So sind es zwei Weisen der Betrachtung, gleichsam durch einen Weg verbunden?

GREGOR: Lass' es uns so sagen: Der einzig-einige Gott entfaltet sich in die Zeit, indem er uns als Vater, Sohn und Geist erkennbar wird.

THOMAS: Die geliebte Theologie, die Herrin des Denkens!

GREGOR: Doch zurück zum Fest des vergangenen Sonntags. Im Volke Gottes hat es seinen Platz nie recht erobert. Und das, obgleich von Gott in seiner Drei- und Einheit immer wieder wird gesprochen. In Gebeten, am Beginn, am Ende jeder gottesdienstlichen Feier wird der Dreieinige angerufen. Die Formel ist vertraut, doch nicht die Sache. Und fragt man, welches Fest auf Pfingsten folgt, so zögern viele, wissen nicht recht, was zu sagen.

THOMAS: Ein Theologenfest, allein gespeist aus Folgerichtigkeit?

GREGOR: Mag sein, Du triffst das rechte, guter Freund.

THOMAS: Ja, die Lieder uns'rer Gottesdienste sind zum Anlass spärlich. Und alte Hymnen auf die Heilige Dreieinigkeit sind auch nicht zahlreich.

GREGOR: Erscheint der Trinitatistag spät doch erst im Kalendarium der Feste.

THOMAS: Zur Weihnacht und zur Osterzeit, zur Himmelfahrt und Pfingsten, ja, zu vielen Heiligenfesten gibt es Bräuche. Doch zu Trinitatis?

GREGOR: Ich kann nur Deine Worte wiederholen: Ein Theologenfest. Ein Fest dogmatischer Richtigkeit.

THOMAS: Und dennoch tief und wahr, denn suchen wir nicht immer nach dem verborgenen Gott, der sich uns offenbart?

GREGOR: Gewiss, Gott suchen in allen Dingen, auch im Kuhstall.

THOMAS: Im Kuhstall? Aber Freund Gregor! Was meinst Du damit?

GREGOR, *lächelnd*: In einem Kloster fand ich einst am Kuhstall eine Tafel, auf der gemeißelt stand: „Damit in allem Gott verherrlicht werde“.

THOMAS: Freilich, ja, wie anders. Aber weißt Du, ich stockte kurz, als Du davon begannst, während das Denken Gottes Wegen folgen will.

GREGOR: Und doch gibst Du mir recht?

THOMAS: Wie anders als mit Ja sollte ich antworten. Doch sprich, o Gregor, wie verstehst Du nun die Einigkeit des Höchsten? Die Heilige Schrift kennt davon ja noch nichts.

GREGOR: Und dennoch müssen wir zurück auch in die Schriften fragen.

THOMAS: Ja, wenn Du es so verstehst, dass unser geistlich‘ Denken jetzt zu Fragen vorgedrungen, die damals zwar noch nicht gestellt, doch in der Sache waren schon vorhanden.

GREGOR: Und gerade dies erschwert so vielen Frommen das Verständnis dieses weisen Festes. Wir deuten, suchen, tasten und wir definieren, der Geist türmt seine Konklusionen auf. Doch treffen Gott wir dabei, holen wir ihn ein? Das schlichte Nacherzählen der Geschichte uns'res Heiles, wie es die Bibel tut, erreicht die Menschenherzen gleich viel tiefer.

THOMAS: Ja, mein Freund, ich muss Dir sagen, dass es richtig ist, was Du erkannt. Die Menschen suchen Heil aus Heilsgeschichten. Und dennoch bleibt des Theologen Profession, den Wegen der Offenbarung entlang zu denken.

GREGOR: Doch können wir es?

THOMAS: Ja, wir können's, ist unser Denken ebenso ein Werk des Höchsten! Hätte er's uns sonst gegeben? Wären wir so weit vom Tiere sonst entfernt?

GREGOR: Ach Thomas, erkenne ich doch den alten Kämpen in Dir immer wieder, streitbar und stets bereit, für die Wahrheit einzutreten.

THOMAS: Soll die Wahrheit, die wir denken können, uns ja auch befreien.

GREGOR: Ist es nicht eher Christus, der uns frei macht? Sagst Du so, dann klingt es beinahe danach, als ob das Denken selbst die Kraft zum Losspruch in sich hätte.

THOMAS: Weit ist dies entfernt von meiner Ansicht, o Gregor! Freilich der Christus, wer denn sonst. Doch sprich: Wie siehst Du ihn in seiner Nähe zum Schöpfer?

GREGOR: Vater und Sohn, wie sonst.

THOMAS: Gewiss, nicht anders. Dennoch könnt' man meinen, wir wüssten um das Innerste der Heiligen

Dreieinigkeit, wenn wir von Vater, wenn von Sohn, wenn von Personen wir hier reden.

GREGOR: Du meinst, wir übertragen aus der Welt des Menschen Bilder auf die Welt, die unsrem Forschen ganz verschlossen ist?

THOMAS: Freilich so. Aber wir wissen ja von Gott, weil er sich zu wissen gab. Er ist es, der sich selbst uns öffnet. Im Sohn erkennt sich Gott und wir den Höchsten über jenen.

GREGOR: Merkst Du, Thomas, welche Sprache wir hier reden?

THOMAS, *seufzend*: Gottesgelehrtensprache, vielen unverständlich. Und wenn sie mir auch wert und lieb ist, weiß ich wohl, dass sie im Gottesdienst und im Gebet nicht Eingang finden darf.

GREGOR: Mehr noch gilt dies hier bei unsrem Feste als bei Ostern, Weihnacht, Pfingsten gar!

THOMAS: Pfingsten, ja, gewiss. Des Geistes taten wir noch gar nicht Erwähnung.

GREGOR: Was ist er Dir? Der Sohn, sagst Du, lässt uns den Vater sehen.

THOMAS: Und der Geist die Liebe, die vom Vater ausgeht.

GREGOR: Wie schön, wie kostbar. Und wie fern vom Leben.

THOMAS: Fern vom Leben? Was willst Du damit sagen?

GREGOR: Vom Leben aus dem Glauben. Wenn ich von Weihnachten erzählen will, dann lese ich aus den Evangelien. Wenn ich von Ostern künden möcht‘, dann weise ich auf Tod und Leben, von Vergebung und von Auferstehung. Doch was sage ich hier?

Sie gehen sinnend nebeneinander her. An einer kleinen Mauer bleiben sie stehen, die den Weg von einer kargen Ziegenweide trennt.

GREGOR: Sollen wir uns hier niederlassen? Die Steine laden ein zu einer Rast.

Thomas und Gregor setzen sich.

THOMAS: Es ist sehr still hier.

GREGOR: Ja.

THOMAS: Heißt es nicht, dass nur in der Stille sich das Große vorbereiten und ereignen kann?

GREGOR: „Als alle Dinge in der Mitte des Schweigens waren, und die Nacht in ihrem Lauf die Mitte hielt ihrer Bahn, da stieg Dein allmächtiges Wort, o Herr, aus dem Himmel herab von seinem königlichen Thron."

THOMAS: So heißt es in der weihnachtlichen Liturgie.

GREGOR: Entnommen aus dem Buch der Weisheit. Und schon wieder sind wir …

THOMAS: … nicht mehr bei der Dreieinigkeit.

GREGOR: Geht es gar nicht ohne Bilder?

THOMAS: So erscheint es mir immer neu. Vom Heil kann nicht allein gelehrt, es muss berichtet werden. So wie Du vorhin schon hast gesagt.

GREGOR: Und das Fest?

THOMAS: Wir dürfen's lieben. Und nicht traurig werden, dass Glaube andere Nahrung braucht.

GREGOR: Ich bin, o Thomas, mit einem alten Freunde gleich verabredet. Du kennst ihn wohl.

THOMAS: Von wem sprichst Du?

GREGOR: Von Nikolaus, des Schiffers Sohn.

THOMAS: Ja, gewiss doch kenne ich den weitgereisten, einflussreichen Mann! So lasse uns, damit Du Dich nicht verspätest, den Heimweg antreten. Ich weiß, wo Nikolaus zuhause ist und kann Dich bis dorthin begleiten.

GREGOR: So wollen wir es tun.

Sie erheben sich und nehmen den Weg zurück, den sie gekommen sind. Ein Dorf liegt zwischen den Felsen, die kleinen Häuser ducken sich an die blanken Wände, mitunter kaum von diesen zu unterscheiden.

THOMAS: Dort drüben ist es, nicht wahr, Gregor?

GREGOR: Du sagst es, dort wohnt der Freund. Und da sehe ich ihn auch schon meiner warten. Nikolaus!

THOMAS: Dann möchte ich mich hier von Dir verabschieden. Bleib‘ behütet, Freund!

GREGOR: Danke, Thomas. Anregend war, wie stets, der Gang mit Dir, das Reden.

THOMAS: Und das Schweigen. *Sie treten heran.* Nikolaus, sei herzlich gegrüßt!

NIKOLAUS: Thomas, Gregor, Ihr kommt zu zweit.

THOMAS: Doch sage ich Dir gleich auf Wiedersehen. Ein andermal mag es so sein, dass wir zu dritt uns unterhalten. Heute grüße ich Euch beide, danke Dir, o Gregor, und gehe meinen Pflichten nach.

Er hebt grüßend die Hand und verlässt die Freunde.

NIKOLAUS: Sag an, Gregor, Du hast mit Thomas einen Gang vor dem Dorf unternommen?

GREGOR: Ja, und wir haben unser Gespräch unterbrochen, weil Du und ich verabredet sind.

NIKOLAUS: Das tut mir leid.

GREGOR: Und ist doch gar nicht nötig, dass Du dies bedauerst. Freund Thomas seh' ich bald schon wieder.

NIKOLAUS: Und dann können wir, wie er es vorschlug, zu dritt der klugen Unterhaltung pflegen.

GREGOR: Doch sprich, Du bist nicht allein in Deinem kleinen Haus? Singen höre ich nämlich wie von einem Kinde.

NIKOLAUS: Und so ist es auch. Denn Du bist nicht der einzige Besucher heut' für mich. Zwei Nachbarskinder kommen hin und wieder her, weil sie den Garten um mein Häuschen gern für ihre Spiele nutzen.

GREGOR: Und lenken Dich nicht ab vom Schreiben und vom Denken, von Wissenschaft und von den nutzvollen Geschäften?

NIKOLAUS: Doch, das tun sie. Und es ist gut für mich.

GREGOR: Wie dies?

NIKOLAUS: Sie erheitern mich mit ihrer Fröhlichkeit.

GREGOR: Und sind doch laut, nach Kinderart, wie eben jetzt.

NIKOLAUS, *lacht*: Nach Kinderart, ja. Wenn ich zu ernsthaft über den Papieren sitze, dann zeigen sie mir den fröhlichen Ernst des Spieles. In ihnen sehe ich, was uns, den Alten, manchmal mangelt, die reine Gegenwart.

GREGOR: Und das Werk? Die Arbeit?

NIKOLAUS: Können warten. Horch!

GREGOR: Was tun die Kleinen jetzt?

NIKOLAUS: Sie singen, wie nur Kinder singen, ohne auf den äuß'ren Wohlklang achtzugeben. Reines Hingegebensein ist's.

GREGOR: Beneidenswert, so möcht' ich doch jetzt sagen.

NIKOLAUS: Ich schätze ihre Spiele ebenso wie meine Werke.

GREGOR: Ist das nicht ein eigentümlicher Vergleich, o Freund?

NIKOLAUS: So muss es wirken. Aber denke doch, dass jeder Mensch befähigt ist, der Wahrheit auf die Spur zu kommen.

GREGOR: Wie meinst Du dies?

NIKOLAUS: Nun, Denken und Leben, beide sind doch Äußerungen uns'res Daseins, oder?

GREGOR: Wenn Du Dein Denken und Ergründen meinst, so kann ich recht Dir geben. Doch Leben?

NIKOLAUS: Tätigsein, sich regen. Oder spielen, wie bei meinen kleinen Freunden.

GREGOR: Ja, so gesagt.

NIKOLAUS: Was ist nun wahrer?

GREGOR: Wahrer? Echter, meinst Du wohl?

NIKOLAUS: Als Ausfluss göttlicher Wirksamkeit.

GREGOR: Wie sehr bedaure ich, dass unser Freund Thomas nicht bei uns geblieben ist. Er hätte große Freude gehabt an Deinen Gedanken. Doch was tun sie nun, Deine Besucher? Klingt es nicht fast so, als ob sie sich im Reigen wiegen? Lass' uns herzutreten, sehen möchte ich gern, was sie nun tun.

NIKOLAUS: Lieber Gregor, freilich könnten wir dies. Doch meinst Du nicht, wir würden ihre Spiele, ihren

Tanz so stören? Kinder sind scheu und wild zugleich. Sie können ganz in sich versunken sein. Und dann, wenn sie verspüren, dass es an der Zeit für sie ist, kommen sie hervor und zeigen uns, was sie in der Verborgenheit gespielt.

GREGOR: Doch wüsst' ich zu gern, wie sie aussehen, da ich doch ihre Stimmen hören kann.

NIKOLAUS: Du kannst es tun, doch siehst Du dann nicht mehr, was in der Geborgenheit des Zimmers sich ereignet. Lass' sie, sie kommen schon, um sich uns mitzuteilen. Denn so heimlich sie mitunter sind, so sind sie doch auch voll Vertrauen, möchten zeigen, schmeicheln, lachen, teilen, was Gegenstand des Spielens ist gewesen. Komm, Freund, wir setzen uns hier auf die Bank unter dem Fenster, so können wir sie hören.

Sie sitzen und lauschen.

SPLITTER UND BRUCHSTÜCKE

APHORISTISCHER ANHANG

1. Nur ein Skeptiker kann auch ein religiöser Mensch sein.

2. Der tiefste Sinn aller Wüstenerfahrung ist die Liebe.

3. Die Geschichte der Geschichtsphilosophie ist die eigentliche Geschichte.

4. Schlemihl: Jeder hat seine Schattenlosigkeit.

5. Intelligenz ist keine Ausrede.

6. Die Ironie ist die Gnade und Selbsterlösung des nachchristlichen Menschen.

7. Der Kardinalfehler vieler Geistlicher besteht darin, aus einer vagen Sehnsucht einen Beruf zu machen.

8. Wir sind unsere Vorstellungen.

9. Alles Denken ist bis in unsere Tage eine Suche nach der arché geblieben.

10. Nichts ist größerer Kitsch als die Wirklichkeit.

11. In Zeitläuften wie diesen ist der Ort, an dem wir die Kirchenspaltung überwinden, das Gebet und das eigene Herz.

12. Wissenschaft: Terror der Meinungen – oder: Die Fußnote als Letztbegründung.

13. Lessings (auch Herders) Abhandlungen sind Gespräche; mag ihre Kritik noch so schneidend sein, führen sie stets Dialoge mit ihren Gegnern.

14. Nur eine versehrte Seele kann das Leid anderer erkennen.

15. Jugend oder Alter sind allenfalls eine Erklärung, nie eine Entschuldigung.

16. Geschichte ist das, was wir in ihr sehen.

17. Vieles, vielleicht das meiste an der Religion ist Ästhetik.

18. Der Aphorismus die Erbse, das Wort die Schote.

19. Wer sich selbst entschuldigt, klagt sich an.

20. Sentimentalität ist der Gegner allen echten Gefühls.

21. Sich-verfehlen als der Weg zu sich.

22. Ich habe gar nicht genug Beine für die Seiten, auf denen ich hinken möchte.

23. Wir nehmen in unserer westlichen Zivilisation immer mehr den Lebensrhythmus von Eintagsfliegen an: Das Larvenstadium, bei uns die Kindheit, ist das eigentliche Leben, das nun aber außerordentlich verlängert wird – man wird nicht mehr erwachsen.

24. Vielleicht ist die Hölle dies, dass es immer so weiter geht und keine Ewigkeit unsere Pläne durchkreuzt?

25. Über eine kleine Weile und die Demokratie hat sich vollendet: Jeder darf jedem eine Frage stellen.

26. Wir können nicht glauben wollen.

27. Die entscheidende Stunde ist jetzt.

28. Vertrauen zu sich selbst? Fruchtlos wie ein Selbstgespräch.

29. Lesen: Hinabstürzen, wie Alice, in eine Welt.

30. Der Freund: Seltsam, sich im Blick eines anderen zu spiegeln.

31. Die Lebenswährung unterliegt keiner Inflation – es bleibt stets die gleiche Summe.

32. Wir sind geneigt, die interessanten Fehler eher zu entschuldigen.

33. Erst das Böse macht die Welt schön – so, wie die Schatten die Farben lebendig halten.

34. Wir werden ja sehen, sagte der Atheist nach der Beerdigung.

35. Gott: Fluchtpunkt aller Erscheinungen.

36. Heutige Spiritualität will es meist gar nicht so genau wissen.

37. Die Prägnanz des Aphorismus: Ein Florettstoß. Die Waffe des Schwachen gegen den Virilismus.

38. Plansoll: Ganz Deutschland eine einzige Fußgängerzone.

39. Kinder sind unsere Achillesferse.

40. Die Freude des Alters an der Lektüre von Biographien ist der Vorgriff auf eine Vollkommenheit, die dem eigenen Leben immer mangeln wird.

41. Glück bleibt an Bedingungen gebunden, Vertrauen ist bedingungslos.

42. Goethe betreibt den Kult der bürgerlichen, nur sich selbst genügenden Persönlichkeit. Darum steht er auch aller Religion distanziert gegenüber.

43. Eine geschlossene Weltsicht verbietet der Wirklichkeit den Zutritt.

44. Wie immer zwischen Maria und Martha.

45. Als die Welt im Menschen ihre Augen aufschlug, verlor sie ihre Unschuld.

46. Pfäffischer Konfessionalismus.

47. Abgründe der Selbstverliebtheit.

48. Die letzte Ehre – mehr vermag der Bürger nicht zu sagen über den Menschen.

49. Und wen liebe ich da, wenn ich mich selbst liebe? Terra incognita.

50. Scheherezade erzählte für ihr Leben gern.

51. Unsere folgenlosen richtigen Gesinnungen.

52. Mit Charles Dickens erhält ein neues Moment seinen machtvollen Einzug in die Literatur: Das Mitleid.

53. Sinn: Einschlag eines Meteoriten oder uns umfassender Kosmos?

54. Dass unser Wissen Stückwerk sei, ist sowohl ein Urteil über das Wissen als auch über uns.

55. Es braucht manchmal die Augen eines Kindes um zu sehen, dass der Kaiser nackt ist.

56. Zeitzeuge – der Falschmünzerausdruck: Die vermeintliche Unschuld dessen, der dabei war, aber keine Verantwortung tragen möchte.

57. Der Utilitarismus schickt sich an, die letzte wahrhaft katholische Weltanschauung zu werden.

58. Das Gegenstück zum Glauben ist nicht der Unglaube, sondern der Aberglaube.

59. Es gibt keinen Gott – in der Tat: Gott gibt sich uns selbst.

60. Wir zwischen Karfreitag und Ostersonntag. Ein Leben.

61. Der dritte Artikel des Credo ist eine Schutzimpfung gegen jede Form von Nationalismus.

62. Priestertum aller Gläubigen: Die Kirche, nicht Hinz oder auch Kunz.

63. Wer an nichts mehr glaubt, feiert sich selbst.

63. Gedenktage, Geburtstage, Jubiläen: Ein säkulares Kirchenjahr entsteht.

64. Alles ist relativ. Das ist eine absolute Aussage. In dieser Spannung leben wir.

65. Auch dies ein Ausruf der Verzweiflung: Mein Gott, warum bist Du mir so entsetzlich nah.

66. Was sich in der Regenbogenpresse tummelt, empfinden wir als peinlich. Ist es hundert Jahre her, wird es zur Kabale erklärt und erhält Einzug in die Geschichtsbücher.

67. Gibt es das, einen ökumenischen Tod? Vielleicht war das Sterben von Bruder Johannes Paul ein solcher?

68. Das Wort *Gott* erklärt gar nichts. Im Gegenteil.

69. Nur der wirklich Konservative kann tolerant sein.

70. Im Blick auf Christus ist *christlich* kein Adjektiv.

71. Protestanten knien nicht. Sie beugen sich nur vor Potentaten.

72. Atheismus: Revolte gegen das, was ist. Pubertär.

73. Das, was ist, sind nicht die Verhältnisse.

74. Manch einer glaubt je nach seinem Gesundheitszustand.

75. Wo gibt es denn noch Wortmetze, die an einer Seite Text wie ein Bildhauer arbeiten?

76. Im Sport sucht der Mensch in der Beherrschung seines Körpers nach der Ahnung des verlorenen Paradieses: Im Rekord sehnt er sich zurück in die verlorene Zeitlosigkeit.

77. Bildung besteht in der Fähigkeit zur Selbstrelativierung.

78. Multitasking ist die Unfähigkeit zur Konzentration auf eine Sache.

79. Wenn Paulus von der Auferstehung im Bild des keimenden Weizenkorns spricht, lockt er auf eine falsche Fährte: Auferstehung ist die Aufhebung der Natur, nicht ihre Fortsetzung.

80. Die Frage der Schlange, immer noch eine des Glaubens: Sollte *Gott* gesagt haben …?

81. Auch beim Kartoffelschälen feiern wir das Mysterium – Odo Casel wusste, was schon Heraklit seinen Besuchern in der Küche sagte: Tretet ein, auch hier sind Götter.

82. Die Zeit des Märchens ist die strenge Gegenwart.

83 Die des Mythos auch.

84. Bleiben Sie ruhig bei Ihrer Meinung, Sie ist gut genug für Sie.

85. Die Freizeit- und Medienlandschaft will das größte Glück der größten Zahl. Nietzsches letzter Mensch winkt grüßend herüber und blinzelt.

86. Sind es die gesünderen Zeiten, in denen die Barbarei Statuen und Burgen zerschlägt?

87. Abenteuerurlaub mit Gepäckversicherung.

88. In der Begegnung gebietet es die Keuschheit, dass die Mülltonne hinter dem Haus bleibt.

89. Der Konjunktiv ist nicht der Modus des Lebens. Der Imperativ allerdings auch nicht.

90. Du darfst Dich nicht vorenthalten.

91. Die Natur hat nichts Natürliches an sich.

92. Die Lektüre von Biographien als abgeschlossenen Lebensläufen verrät mitunter mehr über ihren Leser als über den Portraitierten.

93. Die Trinitätslehre ist das größte Kunstwerk der Theologie.

94. Der Atheist empfindet es als unerträglich, nicht Herr im Haus zu sein.

95. Es gehört zu unserem Adel, dass wir unsere Erlösungsbedürftigkeit eingestehen können.

96. Die Neuzeit selbst ist eine einzige *theologia negativa*: Die Rede von der Säkularisation erweist sich als leer.

97. Man sollte stets sehr genau darauf achten, wer das Wort *Freiheit* verwendet.

98. Die Gnade besteht mitunter darin, dass Gott zu uns schweigt.

99. Schmerz-Herz weiß mehr als Herz-Schmerz.

100. Sympathie ist der Schlüssel allen Wissens.

SCHLÜSSEL

„Der Schlüssel der Geschichte ist nicht in der Geschichte, er ist im Menschen."
Théodore Simon Jouffroy

Die Ziffern mit den Kommentaren beziehen sich auf die Seiten. Die auftretenden Personen sind keine Porträts, sondern nähern sich ihren Urbildern in spielerischer Weise an. Und die Angaben aus Werken der Theologie und Dichtung möchten gar nicht exakt sein, sie sind eher als Assoziationen gemeint.

Titel Eine Theologie in sokratischer Manier, dialogisch, weil die Wahrheit nur Gemeinbesitz sein kann. Die platonischen Dialoge sind meist nach wichtigen Gestalten benannt – hier sind es die Hauptfeste des Glaubens oder Hinweise auf sie.

7 *„Wygenachten"*: Martin Luther erklärte Weihnachten als die Nacht, da wir das Kindlein wiegen.

7 *„Bald ist es soweit"*: *Friedrich Schleiermacher* (1768-1834) veröffentlichte 1806 sein Gespräch *Die Weihnachtsfeier*, eine dialogische Annäherung an das Christfest. Die Beteiligten umkreisen seinen Gegenstand eher, als dass sie ihn zu definieren suchen. In der Begegnung wirkt der weihnachtliche Geist. Hinter *Friedrich* verbirgt sich Schleiermacher selbst. Die Erläuterungen zum Dialog lehnen sich an die Beschreibungen aus seiner kleinen Schrift an.

7 *„Paul"*: Der Liederdichter Paul Gerhardt (1607-1676).

8 *„Wenn Christus"*: Mk 10, 14.

8 *„Christus mir geboren"*: Paul Gerhardt, *„Ich steh' an deiner Krippen hier"*, Evangelisches Gesangbuch Nr. 37.

9 *„Graben"*: Gotthold Ephraim Lessing (1729-1781) sprach vom garstigen, breiten Graben der Geschichte zwischen den Geschehnissen von einst und dem Wunsch nach Glauben heute.

10 *„die Geschenke, die ich Christum bringe"*: *Ich steh' an deiner Krippen hier.*

11 *„Gesell“*: Paul Gerhardt, *„Auf, auf mein Herz mit Freuden“*, EG 116.

11 *„Hildegard“*: Hildegard von Bingen (1098-1179).

12 *„Familie Gottes“*: Familia Dei – eine alte Bezeichnung für den geistlichen Bund neben der leiblichen Herkunftsfamilie.

13 *„Unsers Herzens Wonne“*: Das alte Weihnachtslied, wohl aus dem 14 Jahrhundert.

In dulci jubilo, nun singet und seid froh!
Unsres Herzens Wonne leit in praesepio
Und leuchtet als die Sonne matris in gremio.
Alpha es et O, Alpha es et O.

O Jesu parvule, nach dir ist mir so weh,
Tröst mir mein Gemüte, O puer optime,
Durch alle deine Güte, O princeps gloriae.
Trahe me post te! Trahe me post te!

O patris caritas, O nati lenitas,
Wir wärn all verdorben per nostra crimina,
So hat er uns erworben coelorum gaudia.
Eia, wärn wir da! Eia, wärn wir da!

Ubi sunt gaudia! Nirgend mehr denn da,
Da die Engel singen nova cantica
und die Schellen klingen in regis curia.
Eia, wärn wir da! Eia, wärn wir da!

15 *„Gemüt“* wie zuvor schon *„Bewusstsein“*: zentrale Begriffe aus Schleiermachers Theologie.

16 *„Johannes“*:Johannes der Evangelist.

16 *„Christtagsfreuden“*: eine Anspielung auf Peter Roseggers Erzählung *„Als ich Christtagsfreude holen ging“.*

17 *„das grünend Reis“*: auf Christus zu deutender Hymnus Hildegards von Bingen:

O grünend Reis,
du sprossest auf in deinem Adel,

so wie aus der Nacht
bricht das Morgenrot!

Nun aber freu dich,
nun jauchze,
nun neige dich uns zu,
den Schwachen,
mach frei uns
von böser Gewohnheit
und strecke aus deine Hand -:

Nun richte uns wieder auf!

18 *„Ins Sein gesetzt ist alles“:* nach Hildegards Hymnus *„Urkraft aus Ewigkeit“ – „Geordnet hast Du in Deinem Herzen das All. Alle die Dinge der Welt, so wie sie da sind, wie Du sie gewollt“.*

18 *„Grünen“*: die Grünkraft, ein Herzbegriff aus Hildegards Naturdenken: *„O grünende Lebenskraft aus Gottes Schöpferhand, mit der Gott die erlauchte leuchtende Pflanzung gesetzt hat“* (aus dem Hymnus *„O Grün des Fingers Gottes“*).

19 *„Stellt Euch, Ihr Freunde, eine Grotte vor.“*: *„Sieh nämlich Menschen wie in einer unterirdischen, höhlenartigen Wohnung“* – so beginnt Platon sein Höhlengleichnis (Politeia 106a in der Übersetzung Schleiermachers; der historische Schleiermacher hätte gewiss nicht so nach den Details fragen müssen wie der Friedrich des Dialogs). In der christlichen Frühzeit wurde bald schon eine Verbindung zwischen dem Höhlengleichnis als Bild der Suche des Menschen nach Erkenntnis und der Idee des Guten in der Gestalt der Sonne und der Theologie des Evangelisten Johannes gesehen, der in seinem Prolog von Christus als dem wahren Licht spricht, das in unsere Finsternis hinabgestiegen sei (Joh 1).

24 *„etwas Frommes und Fröhliches singen“*: so endet Schleiermacher seine Weihnachtsfeier und so endet auch dieser Dialog.

25 *„Artoklasia“*: Brotbrechen – in den orthodoxen Kirchen geübter gottesdienstlicher Brauch des Brotteilens, der nicht die Eucharistie ersetzen will, aber als Agape-Mahl ökumenisch offen ist.

25 *„Eine liebliche Gegend“:* Anklänge an Thomas Mann, *Der Tod in Venedig*, sind nicht zufällig – Mann greift in seiner Novelle immer wieder auf Platons Dialog *Phaidros* zurück.

25 *„Peter“*: Petrus Abaelard (1079-1142), Frühscholastiker, der der Strenge der juristischen Erlösungslehre des Anselm von Canterbury den Gedanken von der Liebe Gottes als dem eigentlichen Sinn des Kreuzgeschehens entgegensetzte.

25 *„Leo“*: Lew Tolstoi (1828-1910), der russische Schriftsteller, der eine radikale Einfachheit als Nachfolge Jesu jenseits der verfassten Kirche lehrte.

27 *„wunderbarer Frühlingstag“*: Erinnerungen an Tolstois Roman *Auferstehung* werden wach.

31 *„Karl“*: Karl Rahner (1904-1984), Theologe und Jesuit, vertrat eine transzendentale Theologie, die nach den Möglichkeitsbedingungen der Erfahrung von Gnade fragte.

31 *„nicht Berg und Tal“*: Das Grimmsche Märchen *Die beiden Wanderer* beginnt in den späteren Fassungen mit den Worten: *„Berg und Thal begegnen sich nicht, wohl aber die Menschenkinder, zumal gute und böse.“*

32 *„Kurzformeln“*: Rahner versuchte in seinen Kurzformeln (etwa in seinem *Grundkurs des Glaubens*) Zusammenfassungen seiner Überlegungen.

32 *„Anselm“*: Anselm von Canterbury (1033-1109), geboren in Aosta und gestorben in Canterbury, zeitweilig Abt und Erzbischof.

32 *„Wort und Leben“:* Rahner fragte vom Menschen aus nach Gott und stellte so die traditionelle Dogmatik vom Kopf auf die Füße.

33 *„dem Propheten, dem Jesus“*: die Jünger mit dem Auferstandenen auf dem Weg nach Emmaus, Lk 24, 13ff.

33 *„Apostel“*: die Lehre des Paulus im großen Auferstehungskapitel, 1. Kor 15.

37 *„Zur Sühne für das Recht“:* Anselms Satisfaktionslehre, der zürnende Gott kann nur durch ein Opfer besänftigt werden, das seiner würdig ist. Die Formulierung nach Jochen Klepper (1903-1942) aus seinem Adventslied *„Die Nacht ist vorgedrungen“* (EG 16).

38 *„wär‘ Christus tausendmal gestorben“*: hier klingt Angelus Silesius (1624-1677) an: *„Wär´ Christus tausendmal zu Bethlehem geboren, doch nicht in dir: du bliebst noch ewiglich verloren.“*

40 *„Sie feiern die Auferstehung des Herrn, denn sie sind selber auferstanden“*: aus dem Osterspaziergang im *Faust. Der Tragödie erster Teil* von Johann Wolfgang von Goethe (1749-1832).

40 *„mein Herz brennt“*: wie den Jüngern von Emmaus, Lk 24, 32, nachdem sie Christus im Brotbrechen erkannt hatten.

41 *„So ist der Mensch“*: Friedrich Hölderlin (1770-1843) in seiner Elegie *Brot und Wein* (1800/1801).

42 *„Pentekoste“*: griechisch für ‚fünfzig‘ – die Bezeichnung für das Pfingstfest, das fünfzig Tage nach Ostern begangen wird.

42 *„Basilius“*: Basilius von Caesarea oder auch der Große (330-379), Bischof und Kirchenlehrer aus Kappadokien, der mit seiner Theologie die dogmatischen Entscheidungen des Konzils von Konstantinopel (381) über den Heiligen Geist und damit zur Trinität vorbereitete.

42 *„Hrabanus“*: Hrabanus Maurus (780-856), Abt des Klosters Fulda; ihm wurde lange der Pfingsthymnus *Veni Creator Spiritus* (Komm, Schöpfer Geist) zugeschrieben.

42 *„das liebliche Fest“:* der Beginn von Goethes Versepos Reineke Fuchs (1793/4) mit dem Pfingstlobpreis.

43 *„wundersame Geschichte“*: das Pfingstwunder und die Predigt des Petrus, Apg 2.

44 *„August“*: der Kirchenlehrer Aurelius Augustinus (354-430).

48 *„Selbst-Beziehung“*: in der Philosophie des Deutschen Idealismus wurde gern vom Geist als Selbst-Beziehung geredet.

50 *„Tanzspiel“*: die trinitarischen Personen umtanzen einander in Liebe – so der Theologe Gisbert Greshake 2001. Die fröhlichste Lehre von der Trinität der jüngsten Zeit.

50 *„Felsige Landschaft“*: Kappadokien in der heutigen Türkei, die Heimat der drei großen Theologen der Antike, Basilius von Caesarea, sein Bruder Gregor von Nyssa (335-394) und ihr Freund Gregor von Nazianz (329-390). Ihre Gedanken waren entscheidende Hinweise für die Bildung der altkirchlichen Dogmen.

50 *„Thomas“*: der Dominikaner und Kirchenlehrer Thomas von Aquin (1125-1274).

50 *„Gregor“*: beide Träger dieses Namens haben ihren Beitrag zur Entwicklung der Trinitätslehre gegeben.

51 *„Fest des vergangenen Sonntags“*: erst 1334 wurde das Trinitatisfest von Papst Johannes XXII in den kirchlichen Kalender eingefügt.

52 *„Damit in allem Gott verherrlicht werde“:* aus der Ordensregel des Benedikt von Nursia, gefunden am Kuhstall der Abtei Königsmünster in Meschede im Sauerland.

55 *„Buch der Weisheit“*: das deuterokanonische Buch der Weisheit Salomos wird in der Weihnachtsliturgie der römisch-katholischen Kirche zitiert.

55 *„Nikolaus, des Schiffers Sohn“*: Nikolaus von Kues (1401-1464), Sohn eines wohlhabenden Moselschiffers und Kaufmanns, Philosoph, Theologe, Bischof und Kardinal.

58 *„sich im Reigen wiegen“*: Leben als Gemeinschaft, die göttliche Communio als Spiel, so Greshake.

59 *„Sie sitzen und lauschen“:* ist die verhaltene Anbetung die rechte Antwort auf das Geheimnis der Trinität?

60 *„Aphoristischer Anhang“*: Hommage an Ernst Jünger, *Blätter und Steine*, 1934, Epigrammatischer Anhang mit 100 Stücklein.

Printed by Books on Demand GmbH, Norderstedt / Germany